AF546874

Caspar Battegay

# LEONARD COHENS STIMME

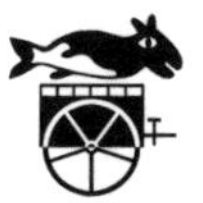

Caspar Battegay

# LEONARD COHENS STIMME

Verlag Klaus Wagenbach Berlin

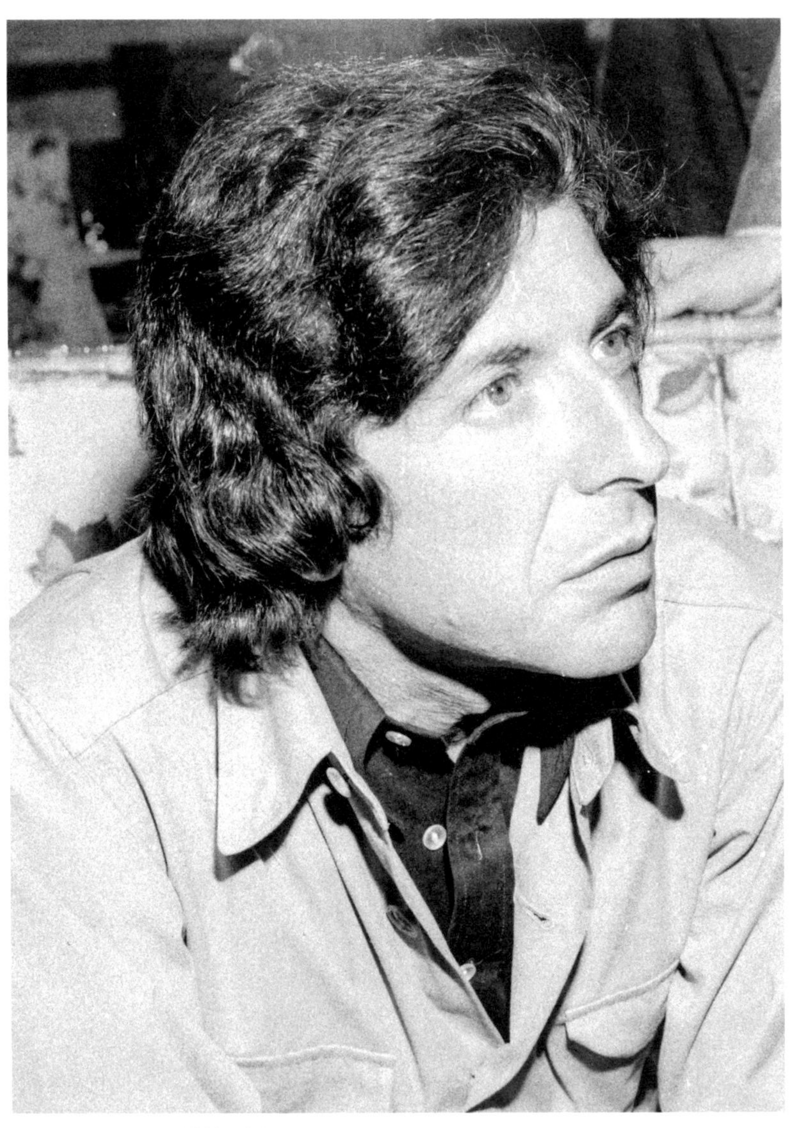

Leonard Cohen in den 1970er-Jahren

# DIE STIMME SEINER ZEIT. EINLEITUNG

Leonard Cohen erzählte einmal in einem Interview folgende Anekdote: Vor seinem ersten großen Auftritt beim Newport Folk Festival auf Rhode Island 1967 gestand er einem Freund, Angst zu haben, denn er habe realisiert, überhaupt nicht singen zu können. Der Freund antwortete: »Kein einziger von euch hier kann singen, wenn ich Sänger hören will, besuche ich die Metropolitan Opera.«[1]

Gute Songs sind deshalb gut, weil sie eine bestimmte Wirkung entfalten und nicht, weil sie technisch korrekt oder musikalisch brillant gesungen werden. Im selben Interview ergänzte Cohen: »Wir mögen an einem Sänger, wenn er mit seiner eigenen Stimme singt.« Doch was ist eine ›eigene Stimme‹? Vielleicht sind Klang, Sprachfarbe oder Intonation verwandte Begriffe, in jedem Fall besitzt eine solche ›eigene Stimme‹ etwas, das die Bedeutung der gesungenen Wörter erweitert und übersteigt. Mit diesem Etwas eignet sich die Stimme die Melodie einer Komposition an und macht diese zu etwas Individuellem, das wir dann mit schwer fassbaren Wörtern wie ›Charakter‹, ›Persönlichkeit‹ oder ›Authentizität‹ zu beschreiben suchen.

Dieses Buch handelt von einer charakteristischen Stimme, nämlich von der des kanadischen Poeten, Superstars, Singer und Songwriters Leonard Cohen. Leonard Norman Cohen wird 1934 in Montreal geboren. Als Sprössling einer wohlhabenden, bürgerlichen jüdischen Familie ist er eher zum Kaufmann (wie sein früh verstorbener Vater und Großvater) oder Rabbiner (wie sein Großvater mütterlicherseits) bestimmt. Lyon Cohen, der Großvater väterlicherseits, war eine der zentralen Figuren des kanadischen Judentums und langjähriger Präsident der Montrealer Shaar-Hashomayim-Synagoge, die für Cohens Leben und Werk eine bestimmende Rolle spielen sollte. Das Interesse an Kunst und Musik mag auch auf Cohens Mutter zurückzuführen sein, der aus Russland immigrierten und als exzentrisch und leidenschaftlich geltenden Masha Cohen.[2] Wie wir noch sehen werden, treten inspirierende Mutterfiguren in Cohens späterem Werk immer wieder auf.

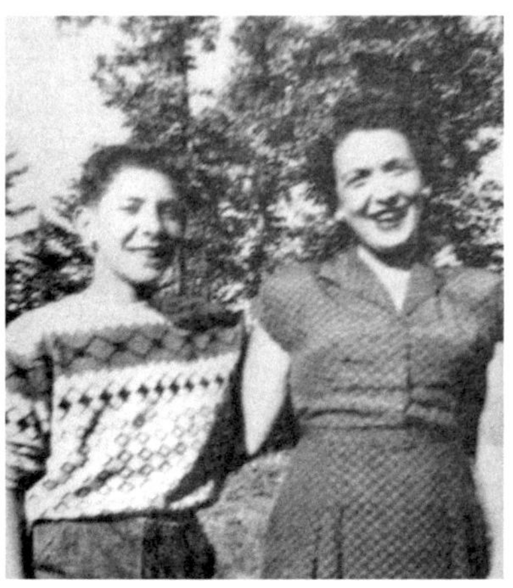
Leonard und seine Mutter Marsha (Masha)

In den Lyrics seines Songs »Tower of Song« heißt es, dass dieser Sänger mit einer ›goldenen Stimme‹ zur Welt gekommen sei. Dies ist offensichtlich selbstironisch gemeint, beinhaltet aber mehr als nur ein Körnchen Wahrheit. Cohen hat eine der berühmtesten Stimmen der Popgeschichte. Für sehr viele Menschen übt sie eine ungeheure Faszination aus, obwohl sie eben gerade keine besonders ›schöne‹ Stimme ist, sondern schon in Cohens jüngeren Jahren nasal und oft gepresst, später zunehmend scheppernd, rau und heiser klingt. Zu Beginn der 1990er-Jahre stellt der Popstar selbst fest, dass seine Stimme im Lauf seiner Karriere »sehr, sehr tief« geworden sei und immer dunkler würde, wofür er »fünfzigtausend Zigaretten und mehreren Swimmingpools voll Whisky« die Schuld gibt. Trotz aller ironischen Distanzierung sind Cohens Äußerungen stets Teil einer selbstgewählten Inszenierung als Sängerphilosoph und romantischer Hedonist, und immer spielt seine Stimme darin eine große Rolle. Sie hört sich manchmal so an, als würde uns hier ein Mann in einem intimen Moment an einem schrecklichen Leiden teilhaben lassen; manchmal aber auch, als würde ein Guru zur ganzen Weltöffentlichkeit predigen; und manchmal, als würde dieser Guru uns einen unanständigen Witz erzählen.

In den späten Aufnahmen ist Cohens Stimme kaum mehr als Gesang zu bezeichnen, vielmehr sind es Rezitationen, ein Räuspern und Raunen. Es ist eine Stimme, die sich selbst verdüstert und ins Nichts verschwindet. Doch Cohens Gesang – oder Sprechgesang – weist von Anfang an eine ästhetische Besonderheit auf: Trotz seiner Brüchigkeit wirkt er immer vollkommen präsent. Cohens Stimme transportiert neben Zärtlichkeit und Melancholie auch Wut; sie wirkt damit auf diffuse Weise widerständig und abgründig. In ihrer hörbaren Körperlichkeit scheint sie die glatten Oberflächen, die ansonsten oft den Pop regieren, infrage zu stellen. Vielleicht, so vermutet die Philosophin und Musikologin Babette Babich, liegt es gerade an den Grenzen dieser Stimme, dass ausgerechnet sie für Millionen von Fans zum Faszinosum werden konnte.[3]

Leonard Cohens Stimme hat die Popgeschichte auch in einem übertragenen Sinn geprägt: In den Lyrics seiner Songs, die zu den meistgecoverten überhaupt gehören, finden wir Cohens kulturellen und religiösen Hintergrund, seine über Jahrzehnte andauernde spirituelle Suche und seine Auseinandersetzung mit den ästhetischen und historischen Bedingungen sowie den politischen Ereignissen seiner Zeit. Die Songtexte reflektieren zudem die Tatsache, dass Cohens Stimme als ›männliche‹ Stimme wahrgenommen wird, die in einem bestimmten Verhältnis zu ›weiblichen‹ Stimmen steht. Diese weiblichen Stimmen werden von Cohens nicht wegzudenkenden Background-Sängerinnen repräsentiert.

Eine Stimme *sagt* auch etwas, ihre Körperlichkeit steht in einem Verhältnis zum Inhalt, und gerade Cohen hatte immer etwas zu sagen: Bevor er als Singer und Songwriter berühmt wurde, war er in den 1950er- und frühen 1960er-Jahren Teil der Literaturszene Kanadas. Er war als Lyriker etabliert, der erste Roman *The Favourite Game* (1963) über seine Jugend in Montreal wurde wohlwollend aufgenommen, sein zweiter Roman *Beautiful Losers* (1966), ein Avantgarde-Text, den Cohen auf der griechischen Insel Hydra unter dem Einfluss psychedelischer Drogen niederschrieb, hatte Skandalpotenzial. Aber es war, für seine Bekannten zunächst überraschend, die Umwandlung der Texte in Musik, die Cohen schließlich auch außerhalb der Literatur bekannt und danach weltweit populär machte – mit einigen Umwegen und Schranken: So erinnert sich die Folksängerin Judy Collins (die einige seiner Songs interpretierte, bevor er es selbst tat, und die eine wichtige Rolle bei Cohens Durchbruch spielte), dass Cohen in den späten 1960er-Jahren in einer gewissen Szene »für seine Stimme« Bekanntheit erlangte, diese Stimme aber eben gerade auch ein Hindernis auf dem Weg zum breit gefeierten Popstar darstellte, denn zu sehr widersprach sie den konventionellen Hörgewohnheiten.

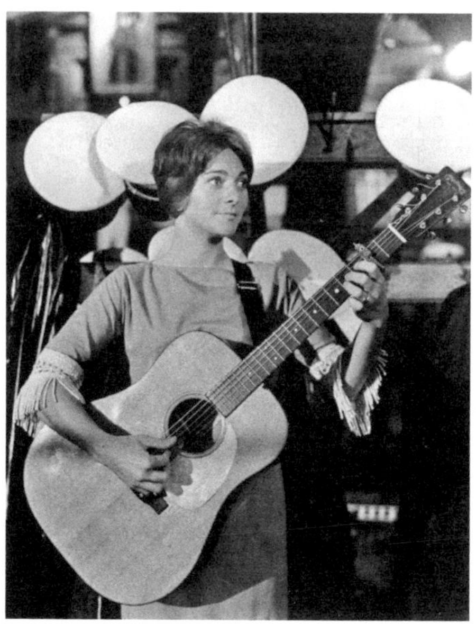

Judy Collins bei einem TV-Auftritt 1963

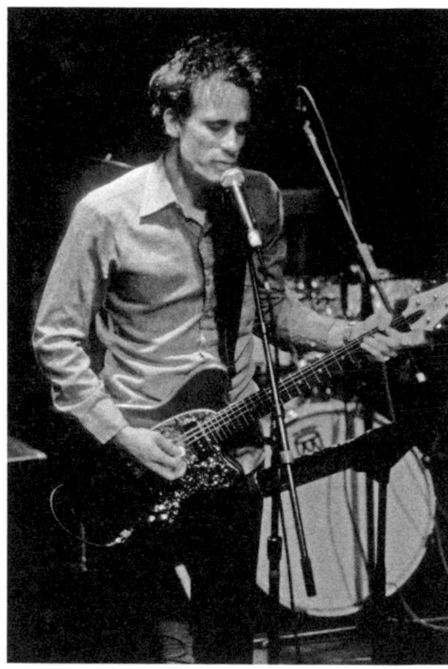

Jeff Buckley bei einem Auftritt in New York in den 1990er-Jahren

Die New Yorker Journalistin Ruth Seymour, die Cohen auf Hydra kennenlernte, erzählt, wie sie sich mit Cohen auf Jiddisch unterhalten und jiddische Lieder gesungen habe: »Aber er hatte keine gute Stimme […]. Es war unvorstellbar, dass er ein Sänger werden sollte.«[4] Doch das Unvorstellbare wurde wahr, und Cohen verwandelte sich vom charmanten und intellektuellen Literaten mit großen Ambitionen zu einem Schamanen der Popmusik. Beispielhaft für diese Verwandlung und für Cohens gewundene Karriere im Allgemeinen steht die Geschichte seines berühmtesten Songs »Hallelujah«. Es war die Adaption von Jeff Buckley in den 1990er-Jahren, die dazu führte, dass man den fast vergessenen Song aus der Versenkung holte und er zu einem der meistgespielten und gecoverten Hits aller Zeiten avancierte.[5] Buckleys Stimme könnte nicht gegensätzlicher zu der Cohens sein, sie ist weich, wohlklingend und virtuos. Offenbar wurde Cohens Song erst durch die konventionelleren Coverversionen von Buckley und anderen für ein breiteres Publikum zugänglich. Wobei dann schließlich auch Cohens ›eigene Stimme‹ im Kontrast durch die umwegige

Entdeckung von »Hallelujah« für viele Menschen an Anziehungskraft gewonnen zu haben scheint.

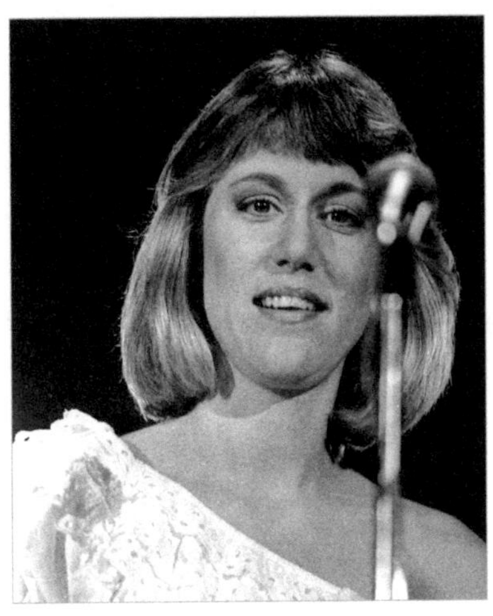
Jennifer Warnes auf der Bühne 1982

Ähnliche Mechanismen waren auch in der Rezeption anderer Songs am Werk. Die ikonischen Stücke »First we take Manhattan« und »Ain't No Cure for Love« wurden zuerst von Jennifer Warnes – die als Background-Sängerin auch in der Originalversion von »Hallelujah« und anderen Songs zu hören ist – auf ihrem Cohen-Tribut-Album *Famous Blue Raincoat* (1987) eingespielt, bevor Cohen sie selbst aufnahm. Auch Warnes hat eine eher eingängige Popstimme. Am bekanntesten ist sie heute wohl für den Hit »(I've Had) The Time of My Life«, ein mit Bill Medley gesungenes Duett, das auf dem Soundtrack des Films *Dirty Dancing* (1987) populär wurde.

*

Dieses Buch ist keine Biografie Leonard Cohens. Informationen über sein Leben und chronologische Einordnungen seiner Werke sind eher am Rand Thema. Cohens zahlreiche Beziehungen zu unterschiedlichen Frauen, seine Familie und seine Freundinnen und Freunde sowie seine vielen Reisen haben für das Verständnis seiner Songs eine gewisse Bedeutung, doch seine Texte sind vielleicht weniger als autobiografisch, denn als autofiktional zu begreifen. Das heißt, dass persönliche Informationen und Lebensdaten immer poetisch verwandelt werden. Die Songs weben die Biografie in historische, politische oder spirituelle Zusammenhänge ein.

Cohens Songs sind immer noch populär und gehören zum Kanon der Pop- und Kulturgeschichte. Sie geben Aufschluss über die politischen, kulturellen und historischen Kontexte ihrer Entstehung, über die Geschichte ihrer Zeit. Die kanadische Autorin, Sängerin und Tänzerin Malka Marom vergleicht Cohen mit Bob Dylan: Dylan sei die »Stimme einer Generation« gewesen – Cohen aber habe einem ganzen Jahrhundert seine Stimme verliehen: »Leonard is the voice of the 20th century.«[6] Sicher liegt Cohens anhaltende Popularität auch daran, dass das Werk in seiner Schönheit und seiner ambivalenten, ironischen Weisheit und seinem Zynismus dabei anhaltend aktuell bleibt. In der Wahrnehmung vieler ist Cohens Stimme seit seinem Tod sogar noch gegenwärtiger geworden, weil sie die Verdunkelung der weltpolitischen Situation und die apokalyptisch erscheinenden, mehrfachen Bedrohungslagen zu formulieren scheint. Cohen hat metaphorisch und real oft von Krieg und Gewalt gesungen und geschrieben. Er war nie Pazifist, stand aber immer für die Poesie, die für ihn einen direkten Ausdruck universeller Humanität angesichts existenzieller Situationen bildete. Dies zeigten etwa seine Konzerte während des Jom-Kippur-Kriegs 1973 vor Soldaten im Sinai. Matti Friedman hat diese Episode in einem lesenswerten Buch aufgearbeitet und dabei die Entstehung einiger berühmter Songs vor dem Hintergrund der Vernichtungsgefahr Israels angesichts des Überraschungsangriffs durch die arabischen Nachbarstaaten dokumentiert. Auch für Friedman ist Cohen »one of the great voices of the age« – eine der großen Stimmen des Zeitalters, ein Zeitalter, das noch nicht vorbei ist.[7]

Diese Präsenz von Cohens Werk liegt nicht zuletzt an der apokalyptischen Realität und dem Zynismus der 2020er-Jahre. Cohen scheint diese Krisenhaftigkeit mit einer eigenartigen Mischung aus Trost und Illusionslosigkeit schon immer beschrieben zu haben. Doch konkreten tagespolitischen Meinungen oder Anleitungen für eine politische Praxis verweigerte er sich prinzipiell. Die Relevanz seines Werks und damit auch ein Grund für die anhaltende Popularität Cohens liegt gerade an der Unausdeutbarkeit seiner Songs und seiner Inszenierung.

Einen wichtigen Teil dieser Inszenierung bildet seine unverwechselbare Stimme, die immer wieder zu beschreiben versucht wurde. Manchmal auch auf überraschende Weise. Tom Waits – der für seinen kehligen Gesang fast ebenso berühmt ist wie Cohen selbst – spricht beispielsweise von einer »einschmeichelnden Stimme« (»mellifluous voice«) und bezeichnet Cohen als »einen Aznavour, der an einen Strand gespült wurde«.[8] Zu diesem gestrandeten Chansonier, dieser Kunstfigur und ihrer Performance gehörten auch der maßgeschneiderte Anzug, der Fedora, der Habitus des Bohemiens und Romantikers sowie sein Esprit, den er in zahlreichen Talkshows und Interviews unter Beweis stellte – zweifellos aber bildet Cohens Stimme den wichtigsten Bestandteil.

Stimmen und die Wahrnehmung spezifischer Stimmen durchdringen unseren Alltag. Wir erkennen die vertrauten Stimmen von Freundinnen und Familienmitgliedern, die charakteristischen Stimmen von Prominenten und Politikern. Ihre Besonderheiten gehören zu unserer Umwelt wie gewohnte Gerüche, Farben oder Brands. So verhält es sich auch mit den Stimmen berühmter Sängerinnen und Sänger, die wie Marken zu ihnen gehören. Wenn wir danach fragen, was eine Stimme überhaupt ist, dann lohnt sich ein Blick auf ein Konzept des französischen Kulturtheoretikers Roland Barthes, der als einer der Ersten versuchte, die Populärkultur und ihre Ikonen theoretisch zu beschreiben. Barthes ist nicht für begriffliche Klarheit berühmt, dafür aber für die Assoziationsmacht seiner Ausdrucksweise. Ein Beispiel ist seine Metapher von der »Rauheit« der Stimme, die er im Zusammenhang mit

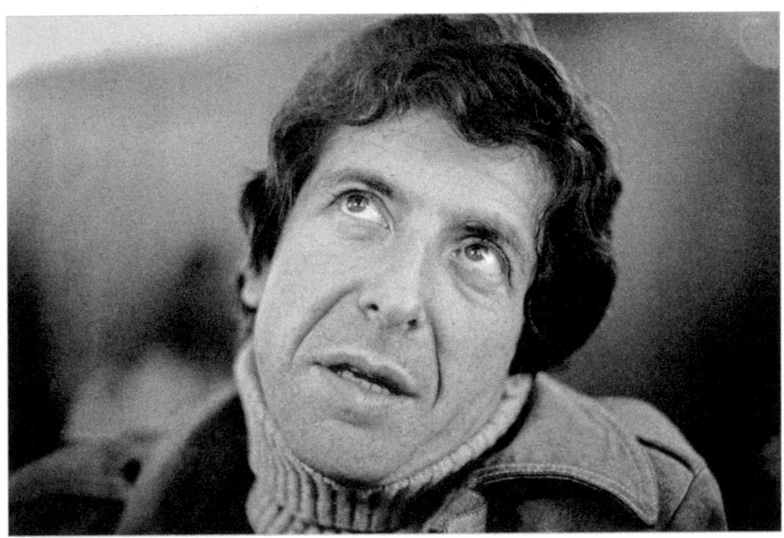

Leonard Cohen wird 1972 in Amsterdam porträtiert

dem klassisch-romantischen Lied und dessen Interpretationen entwickelte.

Barthes meint damit mehr als nur das Timbre oder charakteristische Eigenschaften einer bestimmten Stimme. Vielmehr beschreibt er ein unerwartetes körperliches, ja sogar erotisches Moment, das sich aus dem Zusammenwirken von Musik und Sprachlichem ergebe, »etwas, was direkt der Körper des Sängers ist, der in ein und derselben Bewegung aus der Tiefe der Hohlräume, Muskeln, Schleimhäute und Knorpel [...] an das Ohr dringt«.[9] Barthes' »Rauheit« und Cohens Idee der ›eigenen Stimme‹ sind verwandte Vorstellungen. Sie drehen sich beide um die Idee einer unverwechselbaren Körperlichkeit der Stimme, ein materieller Sound, der in einer Beziehung zur Bedeutung der Worte und Inhalte eines Songs steht. Stimme meint deshalb immer auch eine Verbindung: Sie umfasst die Lyrics mit ihren rational nachvollziehbaren Sinngehalten, zudem aber singuläre Augenblicke des individuellen Assoziierens. Die eigene Stimme eines Künstlers bedeutet, dass ein Song uns nicht nur deshalb bewegt, weil er so schön oder makellos ist, sondern weil man ihn unmittelbar versteht, weil er unwiderstehlich ist, weil er einen *flasht* – weil er uns mental und körperlich *ergreift*.

*

Ergriffenheit ist ein altmodisches Wort für etwas, das wir heute vielleicht eher Faszination nennen. Diese Faszination durch Musik und Stimme hat verschiedene Dimensionen, die ich in diesem Buch besser verstehen möchte: der rätselhafte Ursprung von Kreativität und Inspiration; die Stimme als Medium des Gedächtnisses und der Nostalgie; sowie die Stimme als politisches oder soziales Zeichen, eine Stimme, die in Protestsongs und engagierter Kunst erhoben wird. Ich führe diese verschiedenen Ebenen des Begriffs ›Stimme‹ sowie die kulturell relevanten Vorstellungen von Stimme hier kurz aus, denn dieses Buch wird im Kontext von Cohens Songs immer wieder darauf zurückkommen. Unterscheiden möchte ich drei Ebenen: 1. die Stimme als Medium der Inspiration; 2. die Stimme als Medium der Erinnerung; 3. die Stimme als Medium des Sozialen und der Gemeinschaft.

## Stimme als Inspiration

Am 12. September 2013 spielt der fast 79-jährige Leonard Cohen zusammen mit seiner Band in der O2-Arena in Dublin ein dreistündiges Konzert, das später als Live-Album produziert wird. Bei diesem Konzert performt Cohen auch »Tower of Song«, ein ironisches Stück aus dem Jahr 1988, das folgende berühmte Zeilen enthält: »I was born like this, I had no choice / I was born with the gift of a golden voice.«

Als erfahrener Showman wusste Cohen um die Wirkung dieser Stelle, und man kommt nicht umhin, bei jedem Hören immer wieder von ihr berührt zu werden. In einem Interview erzählt der Sänger, diese Stelle sei ein guter Witz, der auch »eine Wahrheit« beinhalte.[10] Diese »Wahrheit« ist die esoterische Idee, dass die Stimme selbst den Sänger wählt, dass das Lied den Dichter schreibt und nicht umgekehrt. Diese und ähnliche Vorstellungen über das Rätsel der Kreativität gehen zurück auf antike Mythen. Sie werden nicht nur in der Literatur und in Filmen, sondern oft auch in Popsongs thematisiert.

Cohen singt die Stelle in Dublin mit größtmöglichem Pathos, wobei seine Stimme erkennbar die eines alten Mannes ist, der seine eigene Legende gleichzeitig erzählt und verkörpert. Bei den Worten »golden voice« bricht sein sehr tiefer und unmelodischer Gesang ironischerweise fast weg, scheint zu versagen. Dieses Bröckeln der Stimme tritt noch deutlicher hervor im Vergleich mit dem makellosen, wie ein Mantra wiederholten »Du-dam-dam« der Webb Sisters – den Begleitsängerinnen Charley und Hattie Webb. Auf der Aufnahme sind deutlich auch die Stimmen des Publikums zu vernehmen, das an dieser Stelle zu jubeln und zu applaudieren beginnt. Offenbar identifizieren die Zuhörerinnen und Zuhörer den Sänger auf

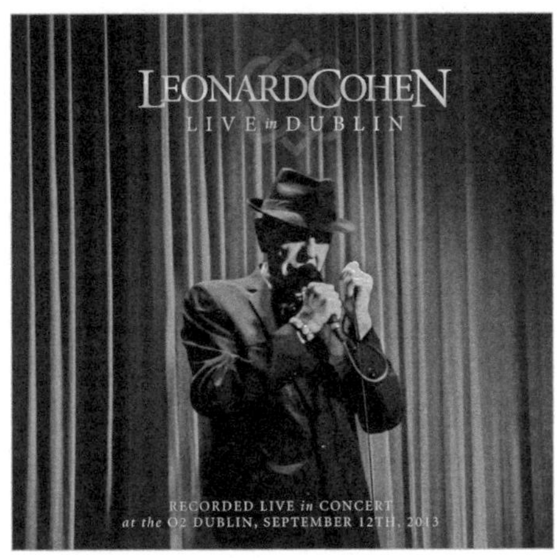


Das Triple-Album *Live in Dublin* erscheint 2014

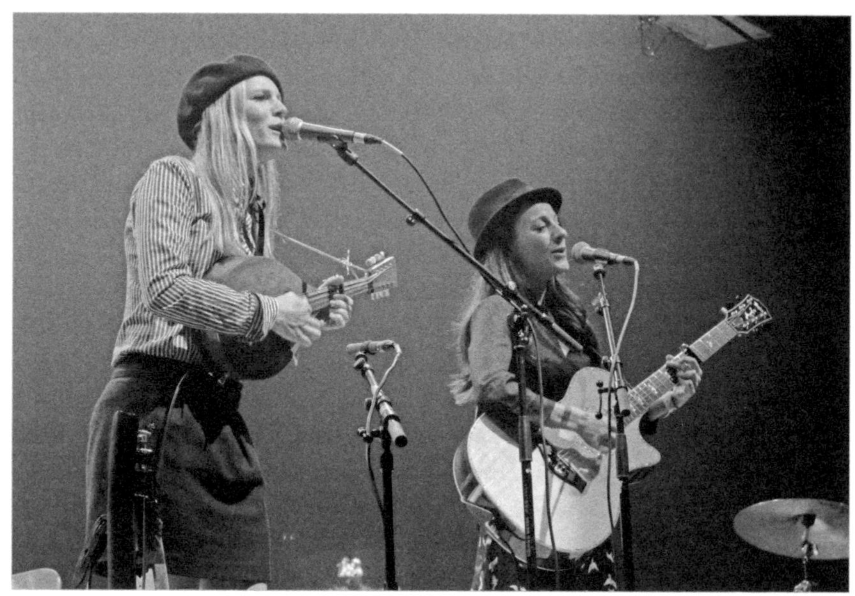

Die Webb Sisters auf dem Eurosonic 2021 in Groningen

der Bühne mit dem Erzähler des Songs, einem alternden Rockstar, der in – laut Liedtext – einem Hochhaus für Songwriter lebt und dort ›jeden Tag die Miete bezahlt‹.

In diesem Augenblick in Dublin – der durch die digitale Konservierung allerdings immer und immer wieder wiederholbar ist bis in alle Ewigkeit – korrelieren verschiedene Stimmen, sie überkreuzen sich, befinden sich in einem Dialog: die technisch verstärkte Stimme eines einzelnen Mannes auf der Bühne, der mit seinen Songs die Popkultur geprägt hat, was ihm ohne die Antworten seines Publikums, ohne das Mitsingen und ohne die vielen Echos der Fans nicht möglich gewesen wäre. Dazu kommt die kollektive kulturelle Vorstellung einer ›goldenen Stimme‹, mit der jemand geboren ist und die ihn zwingt zu singen. Doch Cohen ist eben gerade nicht mit einer solchen Goldkehle gesegnet. Viel mehr nach goldenen Stimmen klingen die Background-Sängerinnen, deren vokaler Klangteppich einem Chor singender Engel gleicht. Angesichts solcher himmlischen Harmonien evoziert Cohens Raspelstimme eher das Scheitern aller irdischen Anstrengungen. Seine

Aussage zeugt also von jener charmanten und charakteristischen Selbstironie, die seine Einsichten in die Vergeblichkeit aller Träume seit den 1960er-Jahren begleitet.

## Stimme als Erinnerung

Ein Song ist eine Zeitmaschine, durch die wir die Vergangenheit immer wieder erinnern und neu erleben können. Musik ist imstande, ein verflüchtigtes Aroma oder das Gefühl einer vergangenen Lebensetappe in aller Intensität zurückzubringen. Davon zeugt die Geschichte des antiken Ursängers Orpheus. Dieser lockt mit seinem Gesang Tiere und Pflanzen an, er vermag die Götter derart zu rühren, dass er in das Totenreich hinabsteigen darf, um seine Geliebte Eurydike zurückzuholen – ein wahnsinniges Unterfangen, das bekanntlich scheitert. »There ain't no cure for love«, wie Cohen es in einer seiner berühmten Zeilen ausdrückt. Es gibt keine Heilmittel gegen (unglückliche) Liebe, außer die Zeit und die Musik. So beginnt auch Orpheus nach längerer Trauerzeit erneut zur Laute zu singen, wobei er seine Lieder nun nicht an die Götter, sondern an die Muse richtet. Der Mythos von Orpheus erzählt die Entstehung von Gesang als geformter Musik, die Entstehung der Musik, die ein Bewusstsein für die Unumkehrbarkeit des Todes enthält.[11] Vielleicht ist es aber gerade dieser widersinnige Wunsch, das Vergebliche zu versuchen, den wir mit jedem nostalgischen Liebeslied in der Popmusik ausleben. Wenigstens für die Dauer eines Songs können

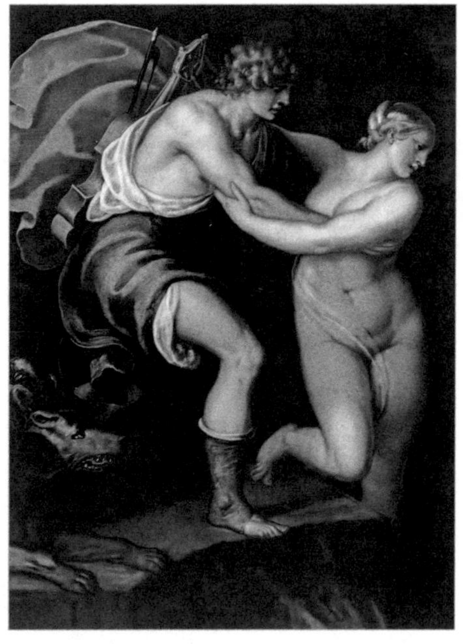

Alessandro Varotari: *Orpheus und Eurydike* (1620)

wir vermittelt durch die Stimme eines Popstars einem absurden Verlangen nach Unendlichkeit Raum geben. Natürlich wissen wir als mehr oder weniger Erwachsene längst um die Irrealität solcher Wünsche und wissen ebenso gut, dass es lächerlich sein könnte, ihnen zu sehr nachzugeben.

Auch Cohen wusste das. Diese menschliche Nostalgie, die Sehnsucht nach dem Paradies einer imaginierten Vergangenheit, in der wir wirklich frei gewesen wären, verbunden mit dem Bewusstsein ihrer Unmöglichkeit, ist einer der Grundimpulse vieler Cohen-Songs. Seinen sprechenden Ausdruck hat der zwiespältige Drang nach einer völligen Befreiung in den Zeilen des frühen Songs »Bird on the Wire« gefunden: »Like a bird on the wire / like a drunk in a midnight choir / I have tried, in my way, to be free.« Ich denke, dass unsere Vorstellungen von ›Stimme‹ bis heute von einer Sehnsucht bestimmt werden, die wir alle von Zeit zu Zeit verspüren, nämlich die Zeit selbst aufzuheben, wie Orpheus aus dem Gefängnis unseres Ichs zu entweichen und ins Jenseits dessen zu gelangen, was die Kulturtheoretiker die ›symbolische Ordnung‹ nennen. Damit sind die Normen und Regeln gemeint, die das Subjekt in der Gesellschaft formen und an seinem Platz halten – um den oft schmerzhaften Preis sehr vieler Möglichkeiten, Bedürfnisse und Sehnsüchte. Doch Musik und insbesondere Popmusik spielt mit dieser Ordnung, sie bietet Ausbruchs- und Verschmelzungsfantasien, Regressionen aller Art an, sei es in den Ideen einer endlosen Liebe oder einer individuellen Befreiung.

Im Kern der Nostalgie vieler Popsongs steht die Hoffnung, »die Gesangsstimme vermöchte die von der Kultur geschlagene Wunde zu heilen und den Verlust zu ersetzen, den wir durch Annahme der symbolischen Ordnung erlitten haben«.[12] In einem anderen Kontext beschreibt Mladen Dolar die Stimme im Gesang als »Ort des wahren Ausdrucks«, als »jene[n] Ort, an dem sich das, was nicht gesagt werden kann, gleichwohl vermitteln lässt«.[13] Die Stimme als Trägerin des Unergründlichen, so Dolar, »verspricht einen Aufstieg zum Göttlichen, eine Erhebung über die empirischen, vermittelten, weltlichen Belange«.[14] Cohen wusste allerdings bestens darüber Bescheid, dass dieses Versprechen der Stimme auf Entgrenzung und Ganzheit, Wahrheit und Fülle eine

Illusion darstellt, weil sich ihre Anziehungskraft dieser reglementierenden ›symbolischen Ordnung‹ und dieser »Wunde« – dem Mangel und dem Unbehagen in der Kultur – verdankt. »[T]he hole / in your culture«, so nennt der Sänger im Song »The Future« den Abgrund unter der dünnen Decke der Zivilisation. Und in einem Interview von 1991 gibt Cohen zu Protokoll: »I'm not nostalgic.«[15]

## Stimme und Gemeinschaft

Die ›Stimme‹ verkörpert also eine utopische Kraft, eine Kraft, die auch gesellschaftlichen Einfluss hat. So gibt es Protestsongs, engagierte Musik oder politische Ebenen der Kunst, die wir anhand von Popsongs studieren können. Cohens früher Song »Story of Isaac« etwa überträgt die biblische Geschichte von der Beinahe-Opferung Isaaks in einen politischen Kontext, um damit gegen Krieg und Aufopferungsrhetorik zu protestieren. Dieses Verfahren findet sich noch auf dem späten Album *Popular Problems* (2014), das eine Vielzahl politischer und historischer Anspielungen aufweist. Der Song »Born in Chains« erzählt beispielsweise eine Variante der Exodus-Geschichte, wobei das Ich dieses Songs vor einem brutalen und dunklen Regime flüchtet. Cohen weist darin auch auf die typische Selbstbespiegelung der politischen Kunst im Westen hin, auf die Problematik gesellschaftskritischer Musik, die vor allem der eigenen Profilierung dient, wenn er Folter und politische Morde mit dem narzisstischen Unglück negativer Plattenkritiken vergleicht: »There's torture, and there's killing / and there's all my bad reviews.«

Seine Stimme zu erheben erfordert oft Mut und Ausdauer. Und angesichts der gegenwärtigen globalen Kämpfe gegen Gewaltherrschaft und Diktaturen bleiben der Protestsong und die damit verbundenen Utopien noch lange aktuell. In seinem Riesenwerk *Das Prinzip Hoffnung* umkreist der Philosoph Ernst Bloch auf fast manische Weise alle Spielformen des Utopischen und beschreibt sie in allen möglichen und unmöglichen Phänomenen. Auch Musik und Gesang haben für Bloch etwas Utopisches. So schreibt er (mit typischer Gigantomanie), dass »Musik insgesamt an den Grenzen der Menschheit«[16] zu verorten sei.

Speziell in Beethovens *Fidelio* vernimmt Bloch als eine Art Vorklang der Revolution das »Morgenrot« einer freien, utopischen Gemeinschaft.[17] Solches Murmeln der Utopie mag uns etwas gar zu pathetisch vorkommen – aber es ist auch in vielen Cohen-Songs, zum Beispiel in »Hallelujah«, präsent. Dementsprechend thematisiert dieses Buch ebenfalls die utopische Kraft, die Cohens Stimme zu vermitteln versucht.

*

Die Stimme erklingt in all diesen Beispielen und auf allen drei diskutierten Ebenen in einem Dazwischen: zwischen Vergangenheit und Gegenwart, zwischen Produktion und Rezeption, zwischen individueller und kollektiver Stimme und damit auch zwischen Konkretion und Metapher, zwischen Sound und Bedeutung. Die Stimme ist ein ambivalentes Phänomen. Sie bewegt sich zwischen ihrem abstrakten Gehalt und Intimität und vermag als Medium deshalb mehr als die Schrift oder das Bild; sie umfasst etwas Synästhetisches, denn Texte bringen die sogenannte innere Stimme der Leserinnen und Leser hervor, Bilder von Filmen, TV-Sendungen und Videos begleiten die Stimmen der Darstellerinnen und Moderatoren.[18] Diese Eigenart des Stimmlichen schien im Zeitalter der digitalen Vertextung bereits irrelevant zu sein. Niemand ruft mehr an, alle *schreiben* Nachrichten und *lesen* die Posts in den sozialen Medien. Allerdings schicken auf einmal alle einander Sprachnachrichten. Auch die Popularität von Podcasts oder die Gewohnheit, ständig mit Kopfhörern unterwegs zu sein und so abwesende Stimmen überall hören zu können, zeigt die ungebrochene Attraktion des Vokalen. Dies wird zudem dadurch unterstrichen, dass seit geraumer Zeit digitale Medien ihre Texte oft durch automatisch generierte oder vorgelesene Fassungen ergänzen. Das Vokale dominiert also auch in der Kultur der Digitalität, so wie es immer schon Kultur konstituiert und vermittelt hat.

Seit jeher wird von der Stimme in der Musik behauptet, sie sei »Medium der Interpretation, Diener am großen Werk, Schauplatz virtuoser Technik, Ausdruck der Seele, der Innerlichkeit, des Gemüts usw.«[19] Wie der Musikwissenschaftler Richard Klein bemerkt, sagen solche

Floskeln wenig über die besondere körperliche Attraktivität einer spezifischen Stimme aus, ihre Faszination oder das, was wir an einer Stimme abstoßend oder beängstigend finden. Erfahrung von Stimme ist nie neutral, nie objektiv, sondern immer emotional und subjektiv. Klein hält deshalb mit Bezug auf Barthes fest, dass das Hören von Stimmen, das Gefühl einer stimmlichen Präsenz ebenso bedeute, dass wir diese Stimme gewissermaßen halluzinieren, unsere eigenen Träume und unser Verlangen darauf projizieren würden.[20] Wenn wir Musik hören und insbesondere, wenn wir einen Song hören, setzen wir uns also auch mit uns selbst und unseren eigenen kulturellen Prägungen, Wünschen und unbewussten Dispositionen auseinander. So hat sicher jede Leserin und jeder Leser ihre und seine eigenen geliebten Songs. Deshalb soll dieses Buch über Leonard Cohens Stimme nicht nur die Kulturgeschichte einiger großer Cohen-Songs nachzeichnen, sondern darüber hinaus dazu einladen, die eigenen Lieblingslieder noch einmal neu zu genießen.

# DIE BEFEHLENDE UND DIE PROTESTIERENDE STIMME

Die Stimme Gottes befiehlt Abraham die Opferung seines Sohnes Isaak. Abraham holt schon mit dem Messer aus, als ein Engel erscheint und den Vater zurückhält. In Leonard Cohens frühem Song »Story of Isaac« auf seinem zweiten Album *Songs from a Room* (1969) ist es aber nicht der Engel, sondern der Sohn, der seine Stimme erhebt und protestiert. Er protestiert nicht nur gegen diesen spezifischen Patriarchen, sondern gegen alle möglichen Autoritäten, die ihre Kinder für einen höheren Zweck opfern wollen. In diesem Song begegnen wir also der Idee, dass man seine eigene ›Stimme‹ erheben kann, um sich einem Befehl zu widersetzen und die Wirklichkeit und die Gesellschaft zu ändern. Dies ist die Grundlage aller politischen Kunst, in diesem Fall in der Form des Protestsongs. Wie aber legitimiert ein Protestsong sein Aufbegehren? Mit welcher (Gegen-)Autorität oder mit welchen Strategien begründet er die Wirksamkeit seines Protests? Was macht diese Stimme zu einer, auf die man hört, und wie setzt sie die eigene Stimmgewalt gegen die Gewalt der Autoritäten?

In »Story of Isaac« wirft Cohen solche Fragen auf, indem er eine biblische Geschichte neu erzählt, die bis heute nichts von ihrem Verstörungspotenzial verloren hat und die für Cohen als Autor zentral ist: Es ist eine Geschichte über die komplizierte Beziehung von Vater und Sohn (oder allgemeiner: von Eltern und Kindern) sowie über die Verschränkung von Glauben, Familie und Politik. Wir treffen hier auf einen Cohen, der sich

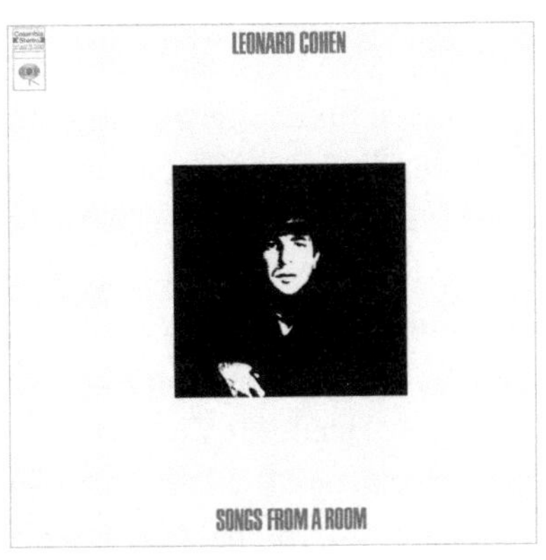


Cover zu Cohens zweitem Album *Songs from a Room* (1969)

von den üblichen Bildern des Künstlers unterscheidet. Erinnert wird Cohen oft als hippiesker Dandy, der mit offenem Hemd auf der griechischen Insel Hydra verträumt an der Gitarre zupft oder als genialischer Avantgardist mit nacktem Oberkörper an der Schreibmaschine sitzt. Berühmt ist er auch als alter Weiser in einem Maßanzug, der seine unterdessen weltberühmt gewordenen Hits reinszeniert, ganz so, als wäre er sein eigener Retrotrend. Doch der Cohen von »Story of Isaac« ist ein konzentrierter und ausgesprochen gebildeter junger Künstler, der seine philologischen und religiösen Kenntnisse unter Beweis stellt. Prägnant verknüpft er den biblischen Text und dessen Deutungstraditionen mit autobiografischen Motiven, die er dadurch auf eine allgemeine Ebene hebt.

Die Beinahe-Opferung Isaaks durch seinen Vater Abraham, in der jüdischen Tradition als die Bindung Isaaks (Hebräisch: *akedat yitzhak*) bezeichnet, gehört zu den Grunderzählungen der monotheistischen Religionen. Sie ist zentraler Bestandteil der jüdischen und christlichen Theologie, Liturgie und Kunst. In der christlichen Auslegung steht klassischerweise die Interpretation als Vorausbild des Kreuzestodes Christi im Zentrum.[21] Im Judentum bildet die *Akedah* einen zentralen Selbstverständigungsmythos. Dabei wandelte sich die Erzählung von Treue und Gottergebenheit im 20. Jahrhundert primär zu einem Text über Trauer und Terror.[22] Diese zwiespältige Rezeption der *Akedah* prägt auch die moderne hebräische Literatur im Staat Israel, der 1969 gerade zwanzig Jahre alt ist und mit dem Sieg im sogenannten Sechstagekrieg 1967 einen fundamentalen Wandel durchläuft. Vom kleinen bedrohten Staat der Opfer des Holocausts wird er – auch – zu einer Besatzungsmacht. Einerseits gilt der biblische Mythos in Israel als Bild der Aufopferung für die Sache der Nation, andererseits nehmen ihn Autorinnen und Autoren immer wieder für eine kritische Revision von Tradition und Zionismus in Anspruch.[23]

Die Bibel stellt für Cohen einen selbstverständlichen Bezugsrahmen für sein eigenes Denken über Identität dar, eine Art Biotop, in dem er heimisch ist und aus dessen Tiefen er unentwegt schöpft. Mit der Geschichte von Abraham und Isaak sowie ihren Deutungsmustern war er seit seiner Kindheit gut vertraut. Diese Kenntnisse unterscheiden ihn von vielen anderen Popstars, sind aber typisch für einen jüdischen Schriftsteller seiner Generation. Es ist eine Generation, die aufgrund der traditionellen Prägung des Elternhauses mit solchen biblischen und religiösen Beständen höchst vertraut ist, sich zwischen diesen und einer neuen, globalen Populärkultur hin- und herpendelt und dabei auch von den politischen Themen der Zeit bewegt wird. Vor diesem Hintergrund eignet sich Cohen Genesis 22 in der Form eines Protestsongs an. Dieser richtet sich nicht nur gegen konkrete Ereignisse der späten 1960er-Jahre wie die Entwicklungen im Staat Israel und den US-amerikanischen Krieg in Vietnam, sondern artikuliert Protest als universelle Haltung der Menschlichkeit, die aus individuellen Erfahrungen der Verletzlichkeit ihre Kraft schöpft. Eine solche Erfahrung findet sich in Cohens Song in Form von Isaaks Trauma. Dies wird in der Betrachtung des Verhältnisses von Stimme und Stimmgewalt besonders deutlich.

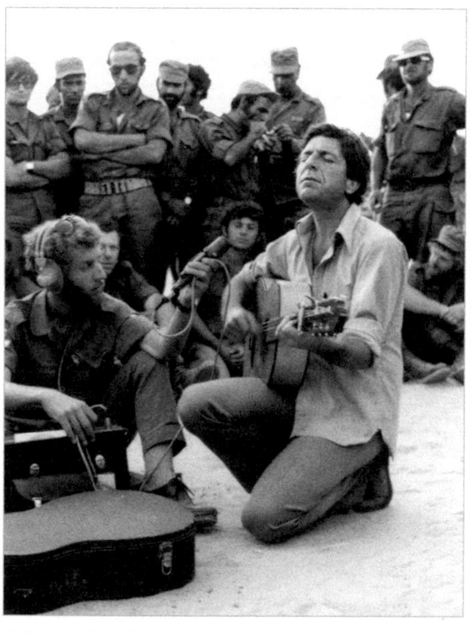

Cohen vor israelischen Truppen im Sinai während des Jom-Kippur Kriegs 1973

Als das wichtigste Thema von Genesis 22 gilt üblicherweise der Gehorsam. Dies zeigten beispielsweise ein überaus faszinierendes und assoziationsreiches Ausstellungsprojekt der Künstlerin Saskia Boddeke und des Regisseurs Peter Greenaway im Jüdischen Museum Berlin 2015 und die dazugehörige Dokumentation.[24] Dabei ist es wichtig anzumerken, dass Cohen dem keineswegs als Erster das Thema des Protests hinzufügt. Denn der Protest gegen den verstörenden Gottesbefehl wird seit Jahrhunderten in der Rezeption des biblischen Textes diskutiert. Neu ist auch nicht das literarische Ausschmücken oder das Um- und Weitererzählen der Bibel. Dies wird seit der Antike in der jüdischen Literatur praktiziert.

Bemerkenswert ist aber, dass Cohen ausgerechnet diese Erzählung als Protestsong in Anspruch nimmt. Denn üblicherweise wird sie im Sinne der heute berühmten Deutung des dänischen Philosophen Søren Kierkegaard verstanden. Dieser fasst die Geschichte von Gottesbefehl, Vater und Sohn als »teleologische Suspension des Ethischen«[25] zugunsten der Absolutheit des Glaubens auf: Obwohl es als Vater ›ethisch‹ richtig wäre, den Sohn zu schützen, muss Abraham Gott Folge leisten. Denn sein Glaube an Gott ist ›absolut‹, das heißt – so argumentiert Kierkegaard –, dass er die Kategorien menschlicher Ethik übersteigt, die ja ebenfalls von Gott stammen.

Cohens Protest gegen diesen Absolutheitsanspruch ist aber gerade nicht in ›ethischen‹ Überlegungen begründet, die auf bestimmten Prinzipien oder Abwägungen beruhen würden. In seinem Song begehrt der Sohn aus der existenziellen Erfahrung des Ausgeliefertseins an den brutalen Vater auf. Diese Grunderfahrung der Verletzlichkeit ist universell: In gewissen Situationen sind wir alle nicht mehr souverän, sondern existenziell ausgesetzt. Bestimmte Erfahrungen wie Krankheiten, Unfälle, Krieg etc. verfügen dann über uns. Die Beinahe-Opferung, von der die Bibel erzählt, ist eine solche Erfahrung. Man kann sie als Schicksal, Transzendenzerfahrung oder einfach als Zufall begreifen.

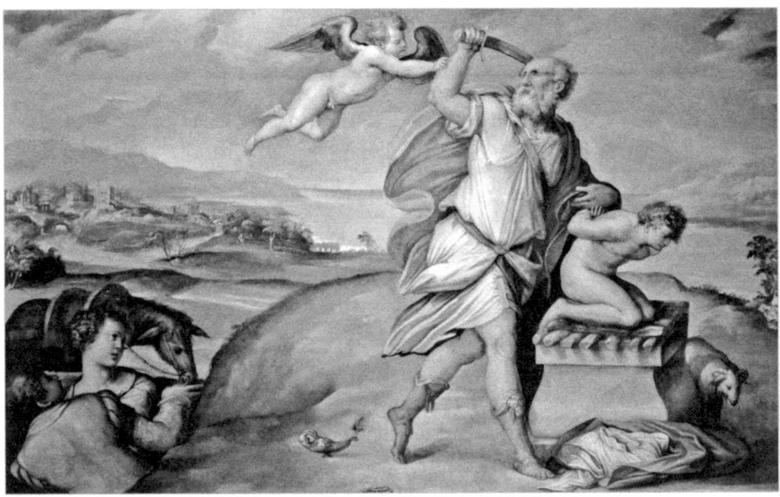

Giorgio Vasari: *Opferung Isaaks* (ca. 1545)

Aus einer solchen traumatischen Erfahrung der Vulnerabilität leitet Cohen in seinem Song eine Art existenziell-ästhetische Gültigkeit ab. Potenziell können sich alle Hörerinnen und Hörer in der Erfahrung Isaaks wiederfinden, sich mit dem Trauma des Kindes identifizieren und dem Protest anschließen, eben weil wir alle potenziell verwundbar sind. Dass wir dies in diesem Fall so intensiv mitfühlen, vermittelt ein Popsong besser als andere Genres. Denn im Fall eines Songs ist der Sänger nicht nur der Autor des Textes, sondern trägt ihn oft auch vor. Dabei verschmilzt der Singer und Songwriter mit der Isaak-Figur, er identifiziert sich in der Performance des Songs mit ihm und präsentiert sich damit selbst als verwundbar. Dies hat auch eine biografische Gültigkeit. In einem späteren Interview anlässlich des Erscheinens von *The Future* (1992) spricht Cohen davon, dass er Drogen, Psychologie und Meditation verwendet, um mit seinen Emotionen umzugehen, seine Songs aber kritische Untersuchungen dieser Erfahrungen seien. Aus diesen Gründen sei er als Künstler verwundbar (»vulnerable«).[26] Entscheidendes Medium dieser Verwundbarkeit und ihrer Verwandlung in Protest bleibt jedoch die öffentlich erhobene Stimme.[27]

Das Genre des Protestsongs besitzt keine scharfen Definitionsmerkmale. Es verbindet diverse musikalische Äußerungsformen und vielfältige Arten des Widerspruchs, braucht allerdings immer eine durch den Song hergestellte Gemeinschaft. Es benötigt ein Publikum, das den Protest aufnimmt und ihn als Protest erkennt.[28] Zu dieser populären Wirksamkeit als Protestsong gehören die Deutungsoffenheit und die Ambivalenz des Songtextes. Mit dieser Deutungsbedürftigkeit verbunden ist die Thematisierung von Schwellen- und Grenzsituationen. Für die Wirksamkeit eines Protestsongs ist es zentral, dass ein Publikum sich existenziell herausgefordert fühlt und sich durch diese existenzielle Lage mit dem Song in Verbindung setzen kann. Im Fall von Cohens »Story of Isaac« erkennt das Publikum im Jahr 1969 sehr genau die Situation. Es handelt sich um eine Generation, die nach der Katastrophe des Zweiten Weltkriegs und inmitten des tobenden Vietnamkriegs die gesellschaftliche Ordnung infrage stellt. Diese Generation will sich nicht für einen höheren, zweifelhaften Zweck opfern lassen. Ihr Lebensgefühl ist der Protest, der von der Stimme Cohens artikuliert wird.

*

Leonard Cohen ist wie jeder Popstar eine Figur, deren Bedeutung und Popularität in hohem Maße in transmedialen Geweben oder Netzwerken von wechselseitig sich bedingenden Identitäten erzeugt wird. Ein Popsong ist eine Kunstform, die hochgradig und noch erheblich stärker als klassische Musik oder Literatur von Marktbedingungen geprägt ist. Ein Song ist nur transmedial und performativ verständlich, er wird produziert und inszeniert, bei Konzerten oder in Musikvideos interpretiert etc. Mit anderen Worten besteht ein Popsong aus mehr als aus Stimme, Musik und Text. Der Poptheoretiker Diedrich Diederichsen betont, dass Popmusik als »Zusammenhang von verschiedenen Medien, Life-Events, Moden, Posen, Geographie, Politik und sozialen Praktiken« definiert werden muss.[29]

Einige von Cohens Songs reflektieren diese Prozesse. Der Song »Famous Blue Raincoat« (1971), dessen Lyrics als Brief formuliert sind, endet zum Beispiel in komischer Weise mit der gesungenen Gruß- und Unterschriftformel »Sincerely, L. Cohen«, was die Romantik des Songs als bloße Pose zeigt; in »Field Commander Cohen« (1974) wird dagegen die Pose des nonkonformistischen Poprebellen ironisiert. Neben solchen selbstbezüglichen Stellen weisen Cohens Lyrics sehr viele Querverbindungen zur Weltliteratur und zu religiösen Textzusammenhängen auf. Gerade diese Unmenge an mehr oder weniger rätselhaften, poetischen oder irgendwie deutbaren Referenzen zu Literatur, Religion, Mystik, Politik und Geschichte trägt zur Faszination für Cohens Songtexte bei.

Doch darf man wohl auch ohne empirische Untersuchung von Fankulturen vermuten, dass Cohens immenses Wissen für den größten Teil seines Publikums nicht sehr bedeutsam ist. So tragen etwa die genauen Textkenntnisse der biblischen Erzählungen um David und Bathseba oder das jüdische Konzept des heiligen Gottesnamens mit seinen kabbalistischen, buchstabenmystischen Erweiterungen für die allermeisten Hörerinnen und Hörer von »Hallelujah« kaum etwas zur Wirkung des Songs bei und hatten auch nicht unbedingt den größten Anteil an seinem globalen Erfolg (obwohl die Lyrics unzweifelhaft dieses Wissen verarbeiten). Wirksam für den Song ist viel eher das

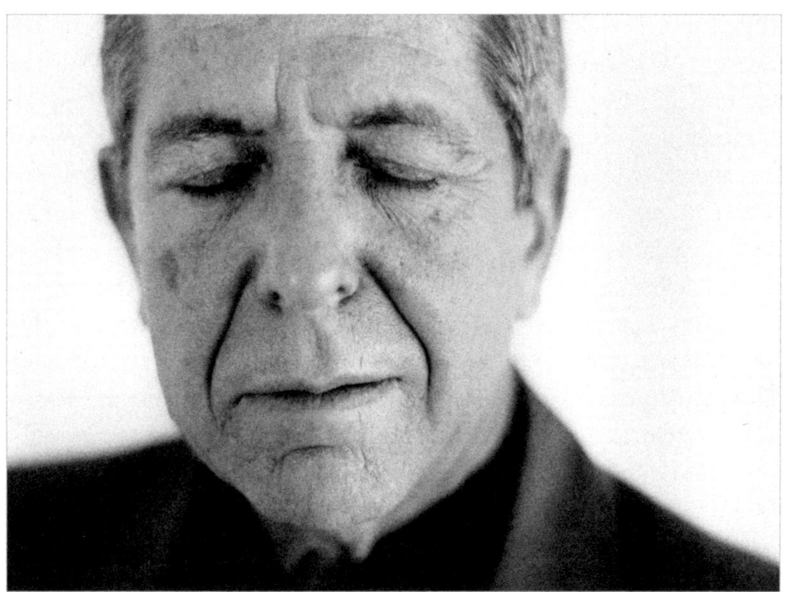

Die Stimme im Kopf: Cohen im Oslo Plaza-Hotel während einer Reise nach Norwegen 1996

semantische Brummen von erotisch konnotierten Signalwörtern wie »beauty«, »moonlight« oder »lips« in Kombination mit religiös konnotierten, aber sehr vieldeutigen Ausdrücke wie »the lord«, »blaze of light«, »holy« und natürlich dem wolkig-spirituellen Superwort »Hallelujah« selbst. Solche ansonsten vielleicht kitschigen Allerweltswörter klingen im Medium von Cohens Reibeisenstimme elektrisierend geheimnisvoll und aufregend. Cohens Stimme ist eben auch die eines Popstars, dem es in seinen Lyrics angeblich »nur um Sex« geht, wie Cohen sich auf der *I'm Your Man*-Tour Ende der 1980er-Jahre gegenüber der Sängerin Julie Christensen äußert.[30]

Neben einem enormen Pathos der Vagheit steht bei Cohen, insbesondere in der Inszenierung bei Konzerten, also immer die ironische Haltung einer Figur, die neben der Sehnsucht nach Spiritualität ebenso die Annehmlichkeiten des bürgerlichen Lebens, des finanziellen Erfolgs und vor allem die immer wieder neue Suche nach sexueller Erfüllung anerkennt. Indem Cohen solche Widersprüchlichkeiten betont, scheint er uns in befreiender Großmut zuzunicken – oder gar zuzuzwinkern.

Gegenüber Theodor W. Adornos und Max Horkheimers während des Zweiten Weltkriegs im amerikanischen Exil entstandenen, vielzitierten und -geschmähten Diagnosen der Popkultur als ›Verblendungszusammenhang‹ könnte man Cohen als erleuchteten Seher beschreiben, der aber auch die Einsicht in die Bequemlichkeit und Schönheit von Verblendung als Bestandteil dieser Erleuchtung erklärt. Die spezifische Popularität Cohens besteht darin, dass der Sänger uns erlaubt, unsere Selbstzweifel, unsere Fehler und unser eigenes Scheitern an vermeintlichen gesellschaftlichen Erwartungen oder persönlichen Idealen ironisch auf eine Figur zu projizieren, die Figur des spirituellen Erotomanen und heiligen Hedonisten, der unsere geheimsten Begierden versteht und entschuldigt, der uns unsere Verblendung verzeiht. Als selbst widersprüchliche Gegenfigur erlaubt uns Cohen, die eigene Ambivalenz besser zu akzeptieren, uns vielleicht sogar in kathartischen Augenblicken des Genusses temporär davon zu erlösen, nämlich dann, wenn wir seine Songs hören und seine allwissende, ironische, sonore Stimme, die Stimme eines Sünders und Weisen.

*

Doch wie verbinden sich die Lyrics von Cohens Songs mit der Stimme? Wie soll man den Status seiner Songtexte zwischen Sound und literarischem Text verstehen? Um diese Fragen zu erörtern, müssen wir zunächst besser verstehen, was ein Songtext eigentlich ist. Die gesungenen Lyrics eines Popsongs unterscheiden sich vom Text eines klassischen Lieds dadurch, dass sie oft vom Sänger selbst geschrieben werden oder – von mehr oder weniger anonymen Textern verfasst – mit der Stimme eines individuellen Sängers zumindest stark identifiziert werden. Der Songtext bildet zusammen mit dem Sound, der Musik, dem Auftritt und dem Image der Band, der Sängerin oder des Sängers eine performative Einheit, die auch noch in digitalen Zeiten gilt. Auch wenn Coverversionen üblich sind, wird der Text eines bekannten Songs oft stark der individuellen Stimme einer Sängerin oder eines Sängers zugeordnet, zumindest im Genre der Folkmusik, dem sich Cohen bis zu einem gewissen Grad verpflichtet sah. Das

Selbstverständnis des Folksängers besteht darin, dass er seine Songs auch schreibt, also bei seinem Auftritt sein eigenes Werk verkörpert. Seine Stimme *ist* sein Song. Diese feste Verbindung zwischen Singer und Songwriter ist bei klassischen Liedern wie etwa denjenigen Franz Schuberts oder den Chansons von Bertolt Brecht und Kurt Weill nicht gegeben.[31]

In der Realität unterscheiden vor allem die Produktionsumstände sogenannte klassische Lieder von Folk- oder Popsongs. Bei der Popmusik sind diese Umstände oft industriell und unterliegen in erhöhtem Maß ökonomischen Bedingungen. Doch bereits der Vortrag eines romantischen Lieds unterscheidet sich von anderen Genres der klassischen Musik. Im Unterschied beispielsweise zum Gesang in der Oper, für den nach Roland Barthes' Deutung »das geschlechtliche Timbre der Stimme (Baß/Tenor, Sopran/Alt) wichtig« erscheint, ist es im Lied »die Stimmlage (die Gesamtheit der Töne, die einer bestimmten Stimme am besten entsprechen)«.[32] Dies bedeutet, dass die Stimme der Oper zu physiologischen Höchstleistungen imstande sein muss, im Lied aber »der bescheidene Raum der Töne, die jeder von uns hervorbringen kann«, im Zentrum steht. Der eigentliche Raum des Lieds ist »das Innere des Kopfes, meines Kopfes: Beim Anhören des Lieds singe ich es mit mir selbst, vor mich selbst hin«.[33] Das romantische Lied hat deshalb das Potenzial, zum allgemeinen Besitz – eben populär zu werden, gerade weil es die Illusion der Intimität aufrechterhält. Das heißt: Jede Hörerin und jeder Hörer kann seine eigenen Gefühle in den Liedern von Schumann oder Schubert wiederentdecken. Obwohl zum Beispiel der Zyklus *Dichterliebe* oder die *Winterreise* von zutiefst subjektiven Erlebnissen und Emotionen berichten, sind sie fast universell verständlich und als lyrischer Ausdruck immer wieder neuer Intimität einsetzbar. Zum Teil sind sie so auch zu Volksliedern geworden.

Cohens *Songs from a Room* signalisieren bereits mit dem Titel eine Intimität. Die Stimme des Albums scheint aus einer sehr privaten Sphäre zu kommen, und der Raum der Lyrics mit ihren Geschichten und Bildern ist »das Innere des Kopfes« – zunächst des Kopfes von Cohen, dann aber auch des Kopfes von uns allen. Ein Song wie »Story of Isaac« bezieht sich offensichtlich auf autobiografische Kontexte. In der ersten Zeile von »Story of Isaac« heißt es: »The door it opened slowly / My father he came in / I was nine years old.« Leonard Cohens Vater Nathan stirbt 1944 im Alter von 52 Jahren. Leonard ist neun Jahre alt. Diese einschneidende Erfahrung macht der Autor in mehreren literarischen Bearbeitungen zum Thema. Im Roman *The Favourite Game* (1963) stilisiert Cohen den Tod seines Vaters als Ausgangspunkt des ersten Schreibversuchs und so zu seiner Geburtsstunde als Dichter und vielleicht sogar als bewusstes Subjekt.[34]

In jüngerer Zeit erhält die literarische Dimension von Popmusik auch aufgrund des Nobelpreises für Literatur an Bob Dylan 2016 oder des Pulitzer-Preises für Kendrick Lamar 2018 stärkere Beachtung. Cohen selbst bekam 2011 den immerhin mit 50.000 Euro dotierten Prinz-von-Asturien-Preis für Literatur und Geisteswissenschaften zugesprochen, der vor Cohen an so weltbekannte literarische Autorinnen und Autoren wie Günter Grass, Doris Lessing, Amos Oz oder Margaret Atwood verliehen wurde. Doch aufgrund der schematischen Simplizität eines Großteils von Songtexten und der Annahme, dass viele Rezipienten die Lyrics nicht wörtlich verstehen, sondern mehr auf die klangliche Qualität des Gesangs hören, wurde in der musikwissenschaftlichen Forschung lange angenommen, dass die Bedeutung des Textes in einem Popsong für dessen Rezeption fast keine Rolle spiele.[35] Pop, so wird etwa behauptet, sei eine »Präsenzerfahrung«: Die Lyrics »versuchen, die Textkomponente zugunsten der direkten Wahrnehmung herabzudimmen«.[36] Es wurde aber ebenfalls festgestellt, dass die Lyrics für die Rezeption ausschlaggebend *sind*, wenn sie oft auch nur assoziativ verstanden würden.[37] Unzweifelhaft aber weist »Story of Isaac« einen insgesamt erzählenden, epischen Charakter auf. Dem entspricht Cohens Singstil, der vor allem zu Beginn der Studioversion einem rhapsodischen Sprechgesang ähnelt.

*

*The door it opened slowly*
*My father he came in*
*I was nine years old*
*And he stood so tall above me*
*His blue eyes they were shining*
*And his voice was very cold*

*He said, »I've had a vision*
*And you know I'm strong and holy*
*I must do what I've been told«*
*So he started up the mountain*
*I was running, he was walking*
*And his axe was made of gold*

*Well, the trees they got much smaller*
*The lake, a lady's mirror*
*We stopped to drink some wine*
*Then he threw the bottle over*
*Broke a minute later*
*And he put his hand on mine*

*Thought I saw an eagle*
*But it might have been a vulture*
*I never could decide*
*Then my father built an altar*
*He looked once behind his shoulder*
*He knew I would not hide*

*You who build these altars now*
*To sacrifice these children*
*You must not do it anymore*
*A scheme is not a vision*
*And you never have been tempted*
*By a demon or a God*

*You who stand above them now*
*Your hatchets blunt and bloody*
*You were not there before*
*When I lay upon a mountain*
*And my father's hand was trembling*
*With the beauty of the word*

*And if you call me brother now*
*Forgive me if I inquire*
*»Just according to whose plan?«*
*When it all comes down to dust*
*I will kill you if I must*
*I will help you if I can*

*When it all comes down to dust*
*I will help you if I must*
*I will kill you if I can*
*And mercy on our uniform*
*Man of peace or man of war*
*The peacock spreads his fan*

Der Songtext besteht aus acht jeweils sechszeiligen Strophen. Auffallend ist die inhaltliche Zäsur in der Mitte: Ab der fünften Strophe beginnt das lyrische Ich des Songs sich an ein Du zu wenden. Die Erzählung des Sohnes über seinen Vater geht über in eine Adressierung ungenannter Machthaber oder einer mächtigen Instanz. Durch den Titel verweist die erzählte Handlung eindeutig auf die Erzählung von Isaak und Abraham in Genesis 22. Diesen Prätext sollten wir hier also so weit verstehen, dass seine Bedeutung als Folie von Cohens Song begreifbar wird.

Seit jeher weisen die Kommentatoren der biblischen Erzählung von der Bindung Isaaks darauf hin, dass es einen Widerspruch gibt zwischen dem Gott, der für Abraham und seine Nachkommen einen Gott der Verheißung darstellt, und dem unmenschlichen Experiment dieser Prüfung: »Nimm Isaak, deinen einzigen Sohn, den du lieb hast, und gehe hin in das Land Morija und opfere ihn daselbst zum Brandopfer auf einem Berge, den ich dir sagen werde.« (Gen 22,2) Muss man gegen einen solchen Gott nicht protestieren? Der Literaturwissenschaftler Stéphane Mosès bringt das Paradoxon des Gottesbefehls folgendermaßen auf den Punkt: »Wie konnte [Abraham] akzeptieren, daß der Gott, der ihm eine Nachkommenschaft, so zahlreich ›wie die Sterne am Himmel und de[r] Sand am Meeresstrand‹, versprochen hatte, ihm plötzlich befiehlt, den Sohn, der zur Erfüllung dieser Verheißung bestimmt ist, zu opfern?«[38]

Die Antwort auf diese Frage liegt für die jüdische Tradition in der Ambivalenz der Gottes-Instanz selbst. In Genesis 22 wird diese auf zwei Weisen benannt: im Moment des Befehls als Gott (*ha elohim*); beim Auftauchen des Engels als *YHWH* (was als der Herr, *adonai*, umschrieben wird). In der Differenz zwischen diesen beiden Gottesbezeichnungen verbirgt sich gemäß Mosès auch die Differenz zwischen einem grausamen Gott und dem guten Gott der Verheißung. Der Gläubige ist dieser Ambivalenz ausgeliefert und kann nur im Vertrauen auf die beschlossene Zukunft handeln, auch wenn die unmittelbaren Gotteszeichen der Gegenwart unverständlich sind. Diese Argumentation dominiert in der rabbinischen Literatur.[39] Weil die Erzählung in der Bibel mit der Bemerkung eingeleitet wird, dass Gott Abraham »versuchte« (Gen 22,1), wurde die Geschichte in der Regel als Glaubensprüfung interpretiert. Dabei wurde diskutiert, ob diese grausame Aufgabe eigentlich von Satan kommen könnte. Auf diese Auffassung spielt Cohen an, wenn es im Song in der fünften Strophe heißt: »And you never have been tempted / By a demon or a God«. Gemäß einer solchen Interpretation gibt Gott dem absurden Unglück Raum, ähnlich wie in der Geschichte Hiobs, hat aber nie die Absicht gehabt, Isaak tatsächlich als Opfer anzunehmen. Dafür spricht auch das explizite Verbot von Menschenopfern in der hebräischen Bibel. Gerade Genesis 22 wird oft als symbolischer Abschied von der prähistorischen Praxis des Menschenopfers gesehen.[40]

Dagegen argumentiert der israelisch-deutsche Philosoph Omri Boehm: In einer gegen die Instrumentalisierung des Opfermythos durch die israelische Politik gerichteten Relektüre von Genesis 22 hält er fest, dass in diesem Textabschnitt ja das Tieropfer bereits als historische Norm angenommen wird. Auch Boehm unterstreicht Abrahams

Funktion als Vorbild für die Gläubigen, aber nicht, weil er Gott gehorcht hat, sondern gerade aufgrund seines Ungehorsams. Das Auftauchen des Engels liest er als einen später von Bearbeitern der Bibel eingefügten Text. Dieser sollte verdecken, dass sich Abraham weigert, seinen Sohn tatsächlich zu opfern.[41]

In »Story of Isaac« geht der Protest allerdings nicht von einem solchen ethischen Modell des Ungehorsams aus. Vielmehr hält Cohen an einer konventionellen Deutung Abrahams fest, nach der dieser sogar selbst als Stellvertreter des unergründlichen Gottes erscheint. Für diese Deutung ist das Motiv der existenziellen Ausgesetztheit und Verwundbarkeit der biblischen Figuren von großer Bedeutung. Im Verlauf von Genesis 22 spricht Gott Abraham zweimal an. Das erste Mal am Anfang der Erzählung, als er den Auftrag zur Opferung gibt, das zweite Mal durch den Engel, der das Opfer verhindert. Beide Male antwortet Abraham: »Hier bin ich« (*hineini*). Er gibt diese Antwort in der Geschichte auch seinem Sohn Isaak, als dieser ihn auf dem Berg nach dem Ziel des Weges fragen will – und es ist die gleiche Antwort, die später auch Moses gibt, als Gott ihm in dem brennenden Dornbusch erscheint (Exodus 3,4). Cohen wird das Statement »Hineini« 2016 kurz vor seinem Tod im Song »You Want It Darker«, begleitet vom Chor der Montrealer Shaar-Hashomayim-Synagoge, in den Refrain einfügen – als Signal der Hingabe an Gott: »I am ready my Lord.«

Doch fast fünfzig Jahre früher ist Cohens Perspektive eine andere. Um sie nachvollziehen zu können, ist eine bessere Kenntnis des biblischen Textes und seiner Implikationen notwendig. Zwischen den beiden Antworten Abrahams in Genesis 22 liegt die drei Tage dauernde Wanderung von Vater, Sohn, Dienern und Esel ins Land Moria. In dieser symbolischen Zeitspanne des Übergangs angelegt sind die Krise, aber auch die Hoffnung, schließlich die spirituelle Transformation und die Erneuerung von Gottes Segen über Abrahams Nachkommenschaft. Die Stimme Gottes erscheint als befehlende, darüber hinaus als segnende Stimme. Sie richtet sich nicht nur an das eigene Volk, sondern hat eine universelle, eine messianische Funktion: »[D]urch deinen Samen sollen alle Völker auf Erden gesegnet werden, darum daß du meiner Stimme gehorcht hast.« (Gen 22,18) Die Wanderung auf den Berg hat also nicht primär ein geografisches, sondern ein eschatologisches Ziel: Das heißt, dass aus der Sicht der hebräischen Bibel die Erlösung der Menschheit von Abrahams Gehorsam abhängt.

Auf den ersten Blick wird Isaak damit zum Opfer einer unverständlichen, durch seinen eigenen Vater auf ihn kommenden Gewalt für einen höheren Zweck. Doch die Rabbinen haben die Prüfung auch als eine Prüfung Isaaks diskutiert.[42] Isaak scheint seinem Vater oberflächlich besehen mit dem gleichen absoluten Vertrauen zu folgen, das Abraham Gott entgegenbringt. Auch Isaaks Verhalten kann als Aufopferung verstanden werden. Deshalb konnte die *Akedah* zum Inbegriff und Vorbild des Konzepts der Heiligung des Gottesnamens durch den Akt der Selbsthingabe oder Selbstopferung werden, wie es seit der Zeit des späten Römischen Reichs existiert und während der Kreuzzüge und der Pogrome aktualisiert wurde.

»Story of Isaac« hingegen verwandelt diesen Sohn zu einer rebellischen Figur. In der jüdischen Tradition sind solche Aneignungen und Um-Erzählungen nicht selten und werden als Midraschim bezeichnet. Auch Cohens Songtext wurde in der Forschungsliteratur bereits als eine solche Aneignung gedeutet.[43] Als typischer Midrasch füllt Cohens Songtext die psychologischen Leerstellen der Bibel und erweitert sie erzählerisch. Denn Cohens Isaak weigert sich, erneut zum potenziellen Opfer zu werden, und protestiert gegen alle Machthaber. Diese hätten im Gegensatz zum lyrischen Ich keine authentische Verbindung zum Schauplatz wirklicher Hingabe (»You were not there before / When I lay upon a mountain«). Cohen erwähnt weder Gott noch Engel, und es ist nur von der »Schönheit des Wortes« die Rede (»the beauty of the word«). Dies kann bedeuten, dass aus der Perspektive des Sängers die Autorität des Wortes/Textes gerade nicht durch die göttliche Stimme gesichert ist, sondern durch seine ästhetische Qualität. Die poetische Wahrheit der biblischen Erzählung bedeutet, dass man an ihre philosophischen und psychologischen Gehalte auch dann anknüpfen kann, wenn man nicht an ihre Heiligkeit glaubt.

In der Bibel bleibt Isaak stumm. Cohens Song dagegen lässt ihn über sein traumatisches Erlebnis singen und rückt den ursprünglichen religiösen Gehalt in einen aktuellen, populären Kontext. »Story of Isaac«

enthält ein theologisch-politisches Kippmoment, zudem eine Klage über die Kälte einer patriarchalen Vater-Sohn-Beziehung. Der Protestsong hebt die biblische Geschichte mit ihrer universellen Funktion auf und säkularisiert sie. Seine mögliche Wirksamkeit hängt nun von Isaaks Stimme ab, die im Augenblick einer absoluten Vulnerabilität und Ausgesetztheit gegen den autoritären Vater protestiert, dessen Bild auf die politischen Verantwortungsträger übertragen wird. Der Song richtet sich damit gleichermaßen gegen solche lieblosen Väter wie gegen eine empathielose Politik.

Denn die Hörerinnen und Hörer identifizieren ja die Isaak-Figur mit dem lyrischen Ich, dieses wiederum mit der Stimme des Sängers und diese mit der Figur Leonard Cohen. Cohen selbst arbeitet durch seine Performance und durch die Art und Weise, wie er seine Biografie darin thematisiert, kräftig an dieser identifikatorischen Rezeption mit: Im Hören und Mitsingen, aber auch im Weitersingen – mit Barthes könnte man sagen, dass wir den Song beim Hören mit uns selbst mitsingen – setzen sich die Rezipienten an die Stelle Isaaks und protestieren mit ihm gegen die Autoritäten. Sie eignen sich den Song an und damit auch das in ihm zum Ausdruck kommende universale Gefühl der Verwundbarkeit. Damit erfahren sie sich selbst als in Zeit und Raum lebende und agierende soziale Wesen mit einer eigenen Stimme. Es entsteht eine Gemeinschaft des Songs, die kritische Zeitgenossenschaft empfindet.[44]

In den späten 1960er- und frühen 1970er-Jahren wird gerade in der israelischen Literatur die *Akedah* stark rezipiert und in sehr unterschiedlicher Weise in Bezug zur politisch-gesellschaftlichen Aktualität gesetzt. Dies dürfte Cohen ebenfalls beeinflusst haben. In dieser Zeit verfolgt er die politischen und kulturellen Entwicklungen im jüdischen Staat sehr genau, und nur wenige Jahre später während des Jom-Kippur Kriegs tritt er vor israelischen Truppen im Sinai und an anderen Orten auf.[45] Ob dieser Song also gegen den Vietnamkrieg gerichtet oder doch stärker in einem israelischen Kontext verortet ist, bleibt unsicher. Sicher ist dagegen, dass ein Midrasch in einem populären Protestsong die neuen Möglichkeiten des Mediums Pop in den 1960er-Jahren demonstriert. Damit zeigt der Song zwei kulturhistorische Tendenzen an. Erstens ist

Cohens Song typisch für die gesellschaftspolitische Zeitenwende Ende der 1960er-Jahre, und zweitens belegt er die Ausweitung der Sphäre der Popkultur.

*

Cohens »Story of Isaac« ist nicht der einzige Song der späten 1960er-Jahre, der die Bindung Isaaks neu und vieldeutig erzählt. Noch berühmter ist Bob Dylans Version in »Highway 61 Revisited« auf dem gleichnamigen Album von 1965. Der Highway 61 verbindet Dylans Geburtsort Duluth in Minnesota mit den Musikmetropolen Tennessee und New Orleans. Der Titel weckt also biografische Assoziationen, besitzt aber ebenso musikgeografische Anklänge. Die teilweise hermetischen Lyrics bieten zudem religiöse Motive auf. Die erste Zeile von Dylans Song stellt einen Bezug zu Genesis 22 her: »Oh God said to Abraham: ›Kill me a son‹«. Entweder ist Dylans Abraham nun ein Zeitgenosse oder aber der Highway 61 wird in eine biblische Weltzeit versetzt. Als Schwellenstrecke scheint dieser Highway in ein neues Land Moria zu führen. Im Präsens heißt es: »Well Abe says: ›Where you want this killin' done?‹ / God says, ›Out on Highway 61.‹« Abgesehen von der Mystifizierung einer amerikanischen Straße ist auch die biografische Dimension nicht zu übersehen: Dylans Vater hieß Abraham Zimmerman.

Wie bereits erwähnt ist ein solcher biografischer Bezug zu Beginn des Songs auch bei Cohen vorhanden. Vergleicht man die beiden Songs, fällt jedoch ein wichtiger Unterschied auf, der den Kern von »Story of Isaac« berührt. »Highway 61 Revisited« ist mit einem fiebrigen, rastlosen Beat unterlegt und öffnet die Weite der Landstraße, hat Teil am Mythos der Fahrt in den Horizont, der nicht nur für das Selbstverständnis der Vereinigten Staaten ausschlaggebend ist, sondern auch die populäre Musik erheblich geprägt hat.[46] Dagegen weist Cohens Album-Titel *Songs from a Room* auf das Gegenteil dieser Fantasie hin. Anstatt in die Weite der Landschaft blicken wir hier in eine intime Enge. Die Stimme des Sängers dringt zu uns aus einem abgeschlossenen Raum. Der erste Satz des Songs »The door it opened slowly« öffnet diesen Raum einen Spalt weit, bietet jedoch zunächst keine Perspektive nach außen, sondern führt einen klaustrophobischen Innenraum vor. Klanglich wird diese intime und gespenstische Stimmung des Songs von Cohens mehr beschwörend-erzählender als singender Stimme sowie von der spärlichen Gitarrenbegleitung und der Maultrommel unterstützt.

Die erste Strophe erscheint als Schilderung einer familiären Situation, in der die häusliche Gewalt angedeutet ist. Während die ersten drei Zeilen der Strophe nüchtern ein Geschehen erzählen, beschreiben die abschließenden drei Zeilen den Vater aus der Sicht des Kindes. Diese Beschreibung ist ausgesprochen subjektiv und ist nicht in der Bibel angelegt, die bekanntlich spärlich mit Adjektiven oder psychologischen Ausführungen umgeht. Mit dieser Charakterisierung wird jedoch eine Hierarchie von Macht und Ohnmacht anschaulich, die dem patriarchalen Familienmodell entspricht. Der Vater ragt hoch über das Kind hinaus, seine blauen Augen funkeln und seine Stimme ist kalt. Wir blicken auf einen Machthaber, der von seinem Kind Gehorsam einfordert, weil er physisch *und* metaphysisch (später heißt es: »strong and holy«) Gewalt ausüben kann. In der zweiten Strophe bezeichnet er sich als jemand, der auch selbst Befehle auszuführen hat, also in einer Hierarchie steht, in der Emotionen nichts verloren haben. Auch gegen solche metaphysisch verankerten Gehorsamsketten von Gott-Vater-Sohn richten sich in den späten 1960er-Jahren bekanntlich die Proteste in Westeuropa und Nordamerika.

Für dieses Aufbegehren ist die Idee einer radikal entgegengesetzten Fantasie der Kinder zentral. Die kindliche Fantasie und die Selbstermächtigung der Jugend sollen die patriarchale Weltordnung ablösen. Man fühlt sich bei dieser Utopie kindlicher Selbstermächtigung nicht wenig an die heutige von der jüngeren Generation getragene Klimabewegung erinnert, die angesichts einer drohenden globalen Umweltkatastrophe gegen die Eltern antritt, und zwar explizit mit dem Argument, dass die Zukunft *der Kinder* nicht zugunsten kurzfristiger ökonomischer Interessen geopfert werden soll. Eine solche Moral artikuliert auch der Sänger von »Story of Isaac«. In der zweiten Hälfte des Songs heißt es: »You who build these altars now / To sacrifice these children / You must not do it anymore«.

In der dritten Strophe verlässt der Song den Raum des Kinderzimmers und beschreibt eine offene Berglandschaft. Dieser Aufbruch wird musikalisch durch einsetzende Streicher untermalt, die dem Lied Weite verleihen. Die intime Erzählung wird großformatiger, balladenähnlich. Eindrücklich schildern die Lyrics die physische Übermacht des Vaters. Das Zerbrechen der Flasche wird zum Vorzeichen einer willkürlichen Gewalt, die sich in einer Geste andeutet, die sonst auch beschützend gemeint sein könnte: »And he put his hand on mine«. In dieser Männerwelt von Vater und Sohn ist der Vergleich des weit unter ihnen liegenden Bergsees mit dem Spiegelbild einer Dame der einzige Verweis auf die abwesende weibliche Instanz, so wie in der Bibel auch Sarah, Abrahams Ehefrau und Isaaks Mutter, abwesend ist. Die Geste des Vaters und die Verbindung der beiden Hände bezeugen einen patriarchalen Kern, der das Weibliche ausschließt und auch vom Sohn nicht aufgespaltet werden kann. Diese Struktur zeigt das über jedes Maß und über das eigene Gefühl hinausgehende Vertrauen, vielleicht sogar die Resignation, die man als Hörer mit Irritation registriert, einer Irritation, die den Keim der Empörung in sich trägt. Das in der Bibel angelegte Thema eines transgressiven, irrationalen Vertrauens nimmt Cohen auf: »He knew I would not hide«. In die Geschlossenheit des Vertrauens sind einzelne Signale der Ambivalenz eingestreut, so wird die Hand des Vaters, die zuvor noch selbstsicher die Flasche zerbrochen hat, als zitternd beschrieben: »And my father's hand was trembling / With the beauty of the word«.

Ein weiteres Motiv in Cohens Song, das auf Ambivalenz hinweist, sind die beiden Vögel: »Thought I saw an eagle / But it might have been a vulture / I never could decide«. Cohen spielt auf die unsichere Übersetzung des hebräischen Wortes *nesher* an, das in der Bibel über zwanzigmal vorkommt und das einen großen Vogel, sogar den König der Vögel, bezeichnet. Während einige Kommentatoren diesen Vogel als Adler identifizierten, wird heute eher davon ausgegangen, dass der Ausdruck eine bestimmte Geierart des Nahen Ostens bezeichnet.[47] Über diesen philologischen Zwist, über den Cohen offenbar Bescheid weiß und der noch einmal die Deutungsbedürftigkeit des biblischen Textes vorführt, hinaus spielt natürlich die symbolische Bedeutung der beiden Vögel eine zentrale Rolle. Die nicht zu entscheidende Bestimmung von Adler und Geier verbildlicht die Ambivalenz von Heldengestalt und Sohnesmörder, in der Abraham traditionell gesehen wird. Adler und Geier bilden aber auch den ersten Gegensatz in einer Reihe weiterer Oppositionen, die die zweite Hälfte des Songs prägen und von deren Verwechslung oder Verschmelzung Gefahr ausgeht: Schimäre oder Vision, Dämon oder Gott, Hilfe oder Mord, Mann des Friedens oder Mann des Kriegs. Auffallend ist die letzte Zeile des Songs, die ebenfalls das Bild eines Vogels enthält, das eines radschlagenden Pfaus. Das Symbol der Eitelkeit schiebt sich in die Opposition von Adler und Geier; es bildet eine dritte Möglichkeit jenseits von böser Absicht oder Heldentum: die bloße Show. Abraham als Showman, der seinen Sohn für die reine Unterhaltung, für seine persönliche Eitelkeit und damit sozusagen für die Klickzahlen auf seinem Profil opfert.

Weiten wir mit diesen biblisch-biografischen Informationen die Perspektive, um nun den historischen Kontext des Jahres 1969 einzubeziehen, in dem die Interpretationen natürlich primär zu verorten sind. Richtet sich Cohen also gegen das damalige bürgerliche Narrativ, dass der Krieg gegen kommunistische Kräfte in Vietnam mit der Rettung von Kapitalismus und liberaler Demokratie, der amerikanischen Weltordnung, zu legitimieren war? Nur bedingt, denn Cohen stellt diese Ordnung nicht infrage und formuliert auch kein pazifistisches Statement. Vielmehr kritisiert der Sänger die eindeutige Rhetorik theologischer Begründungen der Politik. Er führt in einer selbst mehrdeutigen Bezugnahme die Vieldeutigkeit der theologischen, religiösen Texte vor.

Der Song kritisiert also mit einem theologischen Gestus den politischen Diskurs als eine »Schimäre«. Dieser Schimäre fehle die »Schönheit des Wortes«: Eigentlich gibt es gar keine wirkliche Prüfung durch Gott oder Satan, sondern eine solche Versuchung wird lediglich inszeniert. In der zweiten Hälfte des Songs beschreibt Cohen mit allem Pathos die spirituelle Leere politischer Begründungen, die sich gerade nicht auf die absolute und deshalb vermeintlich erfüllte Vertrauens- oder Zwangsgemeinschaft von Gott und Abraham, Abraham und Isaak berufen können. Der Sänger selbst identifiziert sich dagegen mit Isaak als »man of good«, was zwar merkwürdig, im Hinblick auf Cohens viele pseudoreligiösen Masken und Rollenspiele aber nicht ganz so überraschend erscheint.

Die auffallendste Wendung in der zweiten Hälfte des Songs stellt die Vertauschung der Rollen von Abraham und Isaak dar. Dieser Isaak wird zu einer Figur, die aufgrund ihrer existenziellen Erfahrung selbst zu einer urteilenden und richtenden Instanz avanciert. Auffallend sind dabei die Wiederholung und die Varianten dieser Wiederholung am Ende der siebten und zu Beginn der achten Strophe: »When it all comes down to dust / I will kill you if I must / I will help you if I can / When it all comes down to dust / I will help you if I must / I will kill you if I can«. Diese Zeilen sprechen eine Endzeit an, sie scheinen die Ambivalenz von Heiligem und Bösem, von Adler und Geier, von Held und Kindesmörder wieder aufzunehmen. Wo verläuft die Grenze zwischen Gut und Böse? Welche Moral und welche Handlungen können wir mit unseren Glaubensgrundsätzen rechtfertigen? Ist das Helfen ein Können – oder ein Müssen? Wer tötet, wenn er muss – und wer, wenn er kann? Wie unterscheiden sich – zumal in komplexen politischen Situationen – die Anwälte des Kriegs von den Anwälten des Friedens? Der Song spricht diese Fragen nur andeutungsweise an. Es ist genau diese Ambiguität des Textes, die ihn zu einem poetischen macht. »The beauty of the word« – die Schönheit des Wortes ist die berufene Instanz, mit der sich diese neue Isaak-Figur authentifiziert.

Cohen selbst äußert sich in einem Interview von 1974 zu »Story of Isaac« und unterstreicht bei dieser Gelegenheit die Vieldeutigkeit des Songs. Die Antikriegsbewegung würde seinen Song zu Recht als den ihren verstehen. Doch die Faschisten könnten ihn sich ebenso berechtigt aneignen. Der Text sage lediglich etwas über Väter und Söhne und über das gewaltsame Verhältnis zwischen den Generationen aus. Über die Bedeutung des Songs wolle und könne er keine Aussage machen, außer dass dieser eine »psychische Realität« darstelle.[48] Cohen spricht also mit der üblichen Ironie des Künstlers gegenüber seinen Interpreten. Gegen den vereindeutigenden politischen Diskurs setzt er die Macht poetischer Rede als eine ganz eigene Form der Realität: Sie wirkt mit mehrdeutigen Geschichten und unterschiedlichen Assoziationsmöglichkeiten, ist aber nicht weniger bedeutsam als die faktische

Realität. Auch das Schlussbild des Pfaus bleibt deutungsoffen. Es erinnert an die Stelle in der Hiob-Erzählung, als Gott Hiob die Schönheit der Natur vorführt, also im Sinne Cohens eine vieldeutige »psychische Realität« vermittelt, statt Hiob unmissverständlich über den theologisch-politischen Sinn des Leidens zu belehren. Durch seine semantische Offenheit kann der Song als Protestsong an sich verstanden werden, als Song, der die Stimme des Protests zum Ausdruck einer immer neu zu erarbeitenden Welthaltung etabliert, ohne dass sein Sänger die Stimme besonders schrill erheben würde. Weil der Song sich auf das biblische Setting mit seiner universell gültigen, immer deutungsbedürftig bleibenden Erzählung beruft, kann er vom Publikum mit unterschiedlichen Perspektiven der Identifikation aufgenommen werden.

Auf dem Album *Songs from a Room* gibt es einen thematisch verwandten Song mit dem Titel »The Butcher«. Darin fragt der Sänger ebenfalls nach der Bedeutung des Bösen. Als Antwort erhält er von einem Metzger ein Zitat aus dem Buch Exodus: »I am, who I am«. Auch diese Antwort, die Gott in der Bibel Moses gibt, ist deutungsbedürftig, genau wie die Erzählung aus Genesis 22. Auch diese Tautologie wirft den Fragenden existenziell auf sich selbst zurück. Dieses Zurückgeworfensein auf die Frage nach der jeweils eigenen Situation und ihrer konkreten Bedeutung, die sich in den unterschiedlichen Verständnismöglichkeiten des Protestsongs zeigt, bringt die letzte Zeile von »The Butcher« ebenfalls zum Ausdruck. Es ist ein Rat, den dieser Metzger dem Ich des Songs und damit dem Publikum erteilt: »lead on, my son, it is your world«.

Der Sohn aus »Story of Isaac« folgt dieser Devise. Er erzählt von einer Grenzsituation, einem existenziellen Erlebnis von Verwundbarkeit. Er wendet sich deshalb nicht dem Gott seines Vaters zu, sondern der Welt. Aus der Abgeschlossenheit des privaten Kinderzimmers durch die Passage über die einsamen Berge in die Gesellschaft mit ihren politischen Auseinandersetzungen, in denen der Sänger sich gegen die Instrumentalisierung religiöser Rede zur Wehr setzt, indem er auf der Vielschichtigkeit des Textes beharrt. Einerseits bedarf diese Protesthaltung der Bezugnahme auf den Ausgangspunkt des biblischen Geschehens, der allgemeinen Vulnerabilität und der Theologie. Andererseits findet sie im Protestsong zum säkularen Medium Pop mit seiner globalen Öffentlichkeit.

Der Popsong verschränkt die theologische Argumentation und Deutungspraktiken der jüdischen Tradition mit einer spezifisch modernen Ästhetik des poetischen Textes. Als Autor des Songs scheint es Leonard Cohen selbst zu sein, der sich in der Performance als verwundbar und damit virtuell opferbar inszeniert.

Für Cohens hier diskutierten Song lässt sich abschließend noch einmal festhalten, dass er den Protest als Welthaltung inszeniert. Denn Cohens Song unterwirft den biblischen Prätext keiner endgültigen Interpretation. Es ist kein Lied für das heroische politische Aufbegehren. Vielmehr vefasst Cohen eine grundsätzliche Kritik der Politik, indem er der befehlenden Stimme eine gegen alle Dogmen protestierende Stimme entgegensetzt und dem Publikum das Rätsel, das Skandalöse der biblischen Geschichte von Isaak, anbietet.

Mit »Story of Isaac« zeigt Cohen, dass sich entgegen einer oft gehörten Ansicht das Populäre nicht im Eindimensionalen oder Simplen erschöpft, sondern dass es im Gegenteil genau der Rahmen der Popkultur ist, der dieses schwankende, raffinierte Kunstwerk erst möglich macht. Cohens Stimme ist Ausdruck der darin eingelassenen Vieldeutigkeit, ein ästhetisches Medium, mit dem Cohen politische oder theologische Gewissheiten auf eindringliche Weise verabschiedet.

# STIMME UND INSPIRATION. ANFANGEN ZU SINGEN

»If I knew where the good songs come from, I would go there more often.«[49] Auf dieses Bonmot kommt Leonard Cohen immer wieder zurück und benutzt es mehrmals in Interviews und Reden. Neben dem offensichtlichen Witz enthält es einen ernsthaften Gedanken, nämlich die Ungewissheit über den Ursprung der Kreativität. Die meisten Menschen geben sich damit zufrieden, dass sie manchmal mehr, manchmal weniger und manchmal gar keine kreative Inspiration besitzen. Viele Künstlerinnen und Künstler dagegen treibt es naturgemäß um, wie und warum sie eigentlich Kunst produzieren können – oder vermeintlich *müssen*. Doch woher kommt die In*spiration* – also das Einatmen, das es erst erlaubt, kreativ zu werden und mit einer ›eigenen Stimme‹ zu singen?

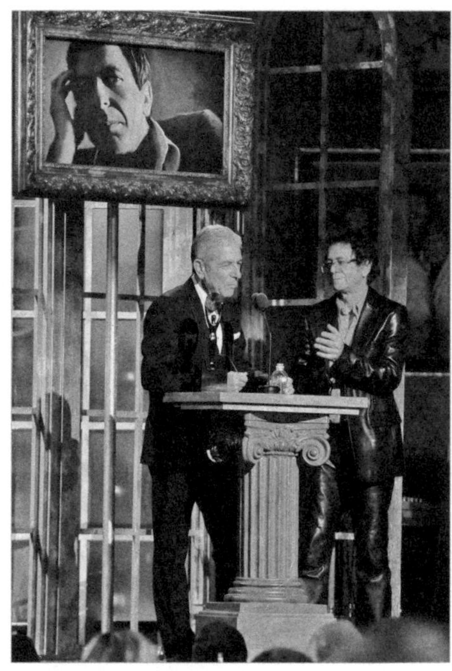

Cohen wird 2008 in die Rock and Roll Hall of Fame aufgenommen – Die Laudatio hält Lou Reed

Die Literatur kennt seit der Antike die Idee der Musen-Anrufung. Es ist eine vieldeutige Vorstellung von Inspiration als eines Zustandes, der nicht aktiv vom Dichter beeinflusst werden kann. Gern wird dabei in den eigenen Werken auf klassische Dichteridole zurückgegriffen.[50] Auch Leonard Cohen tut das, wenn er seinen Songs Botschaften hinsichtlich ihrer eigenen Entstehung mitgibt. In »Tower of Song« zum Beispiel – ein Song, der schon in der Einleitung erwähnt wurde und dessen Lyrics Cohen bei der »Induction« in die Rock and Roll Hall of Fame 2008 rezitiert – treffen wir auf die Figur eines einsamen und alternden Sängers, der jeden Tag seine Miete in einem Hochhaus der Songschreiber abdrücken muss.[51] Dabei befragt er den legendären Country-Musiker Hank Williams nach seinem Schicksal, doch Williams antwortet nicht. Der Sänger hört ihn lediglich husten – »a hundred floors above me, in the tower of song«. Das Bild ist eine ironische Referenz an Williams als einen legendären Songwriter der amerikanischen Musikgeschichte. Dessen *Husten* ist eine Parodie der *Inspiration* durch mythisch überhöhte, dichterische Vorbilder. An anderen Stellen beruft sich Cohen auf den spanische Lyriker Federico García Lorca, dessen ›Stimme‹ er als Vorbild für die eigenen Texte begreift.

Der von einer höheren Instanz berufene und quasi als Medium genutzte Dichter wird auf Lateinisch *poeta vates* genannt. Der Begriff bezeichnet eine von der Antike bis in die Moderne wirkungsmächtige Idee. Der Dichter Rainer Maria Rilke etwa spricht von einem »Sturm« und einem »rätselhaften Diktat«, das er gleichzeitig erleidet und ausführt, als er 1922 in einem Anfall von Produktivität gleichzeitig seine *Duineser Elegien* und die *Sonette an Orpheus* fertigstellt.[52] Die Idee eines plötzlich und von höheren Mächten inspirierten Dichters spielt auch im Werk Cohens eine bestimmte Rolle. Sie steht in einem Spannungsfeld mit der ebenso alten Idee des *poeta faber* oder des *poeta doctus*, also des durch bestimmte Techniken befähigten Dichters,[53] der über die maßgeblichen Regeln und Vorbilder Bescheid weiß. Im Song »Chelsea Hotel #2«, den Cohen in den frühen 1970er-Jahren über seine Beziehung mit Janis Joplin schreibt, wird beispielsweise die Formulierung »workers in song« verwendet, die an einen handwerklichen Song-Techniker denken lässt. Dies passt auch zu Cohens Auskünften, dass er sich mit seinen Texten lange gequält und oft jahrelang an einzelnen Songs gearbeitet habe. Er skizziert Strophen, verwirft sie wieder und schreibt neue, manchmal fügt er bei Konzerten neue Textbausteine hinzu, die nicht auf den Studioalben enthalten sind. Doch die Inspiration bläst diese Schwere und alle Anstrengungen beiseite. Sie ist der Moment einer plötzlichen, befreienden Klarheit im klebrigen Nebel des Alltags. Wir können nun beobachten, wie der inspirierte und der arbeitende, der beschwingte und der gequälte Dichter zusammenarbeiten, um etwas hervorzubringen, das wir als Song bezeichnen.

*

Ein Hotelzimmer, zwei schlafende Schwestern und ein Dichter. Dies ist die Szene des berühmten Songs »Sisters of Mercy«. Er erscheint zuerst auf Cohens erstem Album *The Songs of Leonard Cohen* im Dezember 1967 und gleicht einem Traum, aus dem man frei und getröstet erwacht, eine klingelnde Melodie im Dreivierteltakt im Ohr. Auf dem Album hören wir die Stimme des 33-jährigen Cohen, die Stimme eines noch jungen Beat-Poeten und Romantikers, hell und hoffnungsfroh trotz der schwelenden Melancholie. Cohen hat sich 1993 zur erzählten Geschichte und zu den Produktionsumständen des Songs geäußert. Diese unterscheiden sich deutlich vom sonst bei ihm üblichen sehr langen Schaffensprozess mit vielen Entwürfen und Versionen. Die Geschichte ist aufschlussreich bezüglich der Frage nach der Kreativität: Er habe die Lyrics in ein paar Stunden in einer Nacht im kanadischen Edmonton geschrieben, nachdem er zwei junge Autostopperinnen während eines Schneesturms in sein Hotelzimmer eingeladen hätte, in einem Sessel sitzend und dabei die beiden schlafenden Frauen betrachtend.[54] In dieser Entstehungslegende ist der Mythos des männlichen Genies enthalten, das von seinen weiblichen Musen zum kreativen Schaffen angeregt wird. Diese Legende fügt sich in das Album *The Songs of Leonard Cohen* ein. Das Album führt ein *dramatis personae* von Figuren vor, die einer faszinierenden Privatmythologie entsprungen scheinen: unter anderem eine schicksalshafte »lady of the harbour«; ein Meister aus einem Tempel; die vorbeireisende »Winter Lady«; eine Frau mit schwarzem und ein Mädchen mit goldfarbenem Haar; ein weiser Mann, der seinen Verstand verloren hat. Diese Figuren stammen vielleicht aus der Weltliteratur, vielleicht hat Cohen sie erfunden. Auffallend sind die vielen enigmatischen Frauengestalten in den Lyrics des Albums, die mit ihren ›weiblichen‹ Stimmen allesamt in der einen oder anderen Art als ›Quelle‹ für Dichtung und Musik fungieren.

Die Idee der Frauen als Medien, die dem Künstler (obwohl oder gerade *weil* sie schweigen) einen perfekten Song eingeben, gehört in das reichhaltige Arsenal einer mythologisierten, zuweilen idealisierten, zuweilen dämonisierten, in jedem Fall aber imaginierten Weiblichkeit, die die westliche Kulturgeschichte grundlegend geprägt hat.[55] In den späten 1960er-Jahren werden solche Klischees von der Hippie-Bewegung als Bestandteil ›freier Liebe‹ romantisiert. Songs wie »Sisters of Mercy« etablierten Cohens Image als romantischer Sänger ohne Bindungen und als Ladies' Man, der die Ambivalenz zwischen poetischer und sexueller Spannung immer in der Schwebe hält. Die Voraussetzung des weiblichen Schweigens für die Inspiration des Sängers ist ein zutiefst reaktionäres Bild, und tatsächlich wurde Cohen jüngst auch als reaktionärer und konservativer Künstler kritisiert.[56] Cohen lässt sich mit bestem Gewissen nicht als Feminist bezeichnen; es wäre leicht, seine Stimme als patriarchale zu deuten. Diese Misogynie durchzieht die künstlerische Avantgarde allgemein. So zeigen sich in Cohens schöner Pose des Gentlemans immer wieder auch die hässlichen Aspekte eines strukturellen Sexismus. Mit der Sensibilität nach #MeToo gerieten auch Cohens mutmaßliches Verhalten als junger Mann sowie Teile seines Werks unter Verdacht. Eine Kritikerin stellt fest, dass die Objektivierung von Frauen dabei weniger Cohens Songs betrifft (wobei etwa die heute peinlich wirkenden Lyrics von »Don't Go Home with Your Hard-On« auffallen), sondern besonders im Roman *Beautiful Losers* zum Tragen kommt, den er kurz vor der Produktion seines ersten Albums veröffentlichte.[57]

Ohne diese unangenehmen Seiten von Cohens Leben und Werk beschönigen zu wollen, können wir seine Stimme als eine zumindest humanistische und antichauvinistische retten, sicher nicht systematisch, aber doch anekdotisch, wenn wir auf Cohens explizite Äußerungen seiner späteren Jahre hören. So wendet er sich etwa bei einem Auftritt in Austin 1993 – notabene vor einer Performance von »Sisters of Mercy« – an die anwesende Gouverneurin von Texas Ann Richards und betont stolz, dass er ebenfalls aus einem Land komme, das von einer Frau regiert würde (die Premierministerin von Kanada war damals für kurze Zeit Kim Campbell).[58] In einem Interview in einem kanadischen

TV-Sender von 1992 thematisiert die Interviewerin Barbara Gowden in Cohens frühem Werk den romantischen Mythos des männlichen Genies, das die Frau für die Realisierung seines kreativen Potenzials verlassen muss. Gowden bemerkt kritisch, dass ihr die Frauengestalten in den frühen Songs immer etwas zu heilig vorgekommen seien: »or they were angels of mercy or compassion.«[59] Cohen hält dagegen: »Ich hatte nie das Gefühl, dass die Frau aus meiner Sicht ein fremdes Wesen ist, das ich entweder überwältigen oder verherrlichen muss« (»an alien creature from my point of view that I had to either overwhelm or glorify«).[60] Allerdings sind Cohens Ausführungen leicht mystifizierend (und man könnte einwenden: ausweichend), wenn er anschließend recht wolkig über Erfahrungen spricht, in denen man sich weder als Mann noch als Frau empfinde und die man in das menschliche Miteinander einbringen solle.

So vieldeutig und angreifbar solche theoretischen Bemerkungen sind, so real ist die Rolle von Sängerinnen für Cohens Werk. Im Interview mit Gowden betont er:

> *Die nahe Präsenz der Frau war immer ein Element, auch wenn es im Sinn einer Spannung oder Debatte, oder wie Sie sagen, einer Auseinandersetzung stattfand, so wie ich in den Aufnahmen meiner Songs eine Frauenstimme mag. Meine Stimme, wie sie ist, benötigt jede Hilfe, die sie kriegen kann.*[61]

Diese Angewiesenheit auf die weiblichen Stimmen unterstreicht Cohen immer wieder, beispielsweise bei einem Auftritt zusammen mit seiner Partnerin Anjani Thomas in der Show des norwegischen Talkmasters Fredrik Skavlan 2007. »Ich habe mich auf diese Stimme [die von Anjani Thomas] verlassen, ich habe mich auf diese Stimme gestützt.« Cohens Aussage wirkt wie eine Untertreibung. Denn nicht nur ist Anjani – zum Teil sehr prägend und umfangreich – als Sängerin in der »Hallelujah«-Aufnahme auf *Various Positions* (1984), auf den Alben *I'm Your Man* (1988), *The Future* (1992), *Dear Heather* (2004) und *Old Ideas* (2012) zu hören, sondern zeichnet für *Dear Heather* und *Old Ideas* auch als Mitproduzentin und Mitautorin verantwortlich. Man könnte Cohens Aussagen als vermeintlich wohlmeinenden, aber doch herablassenden

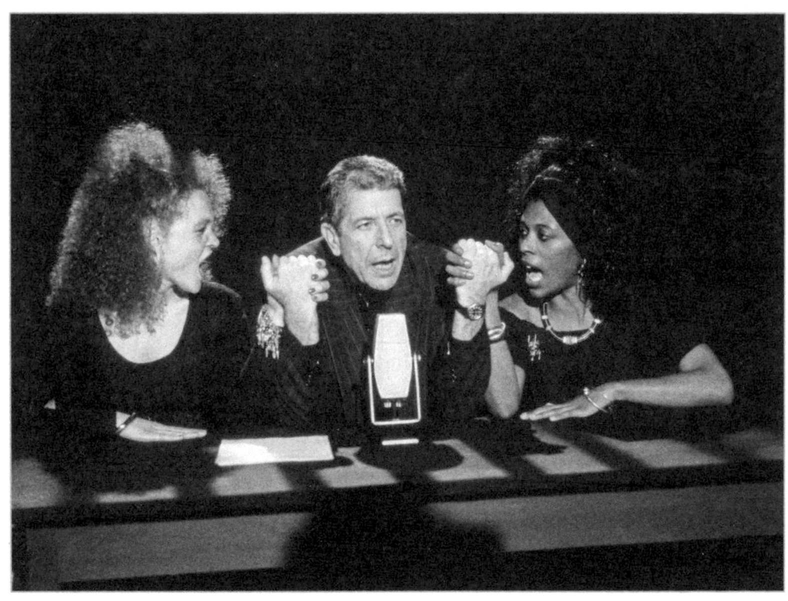

Essenzielle Verbindung: Cohen und zwei Sängerinnen bei einem TV-Auftritt 1988

Paternalismus kritisieren. Allerdings müsste eine solche Kritik angesichts der Ambivalenz und der Ironie in fast jeder von Cohens Aussagen Generalisierungen oder allzu strikte Festlegungen vermeiden.

Bereits Songs wie »Suzanne« oder »So long, Marianne« erhalten ihren Sound auch durch die hypnotisch wirkenden Frauenstimmen. Über das Musikalische hinaus öffnen die Begleitsängerinnen eine zusätzliche Bedeutungsdimension. So geht im Song »Hey, That's No Way to Say Goodbye« Cohens »Hey« das glockenhelle, langgezogene »Heeey« von Nancy Priddy voran. Dies ergibt einen dialogischen Effekt und modelliert die Situation einer endenden Liebesbeziehung in ihrer emotionalen Komplexität. Überhaupt sind die weiblichen Background-Sängerinnen für Cohens Werk essenziell. Noch während der Konzerte seiner letzten Jahre, als er mit den beiden Webb Sisters auftritt, verleihen sie diesem Werk einen charakteristischen Soul-Sound, der die epische und intellektuelle Dimension von Cohens Sprechgesang ins Jazzige verschiebt. Cohen weist auf dieses quasi rein Stimmliche seiner Begleitsängerinnen ironisch hin, wenn er etwa bei der Performance von

»Tower of Song« den mantraähnlich wiederholten, bedeutungslosen Text seiner Begleitsängerinnen »Ba-Doo-Dam-Dam« als höchste spirituelle Weisheit und Sinn des Lebens bezeichnet (dokumentiert auf Cohens Album *Live in London*, das auf einer Aufnahme eines Konzertes vom 17. Juli 2008 in London basiert).

Die Präsenz von Frauenstimmen geht ursprünglich auf eine Idee von John Simon zurück, dem Produzenten von Cohens erstem Album. Es gibt auf Youtube eine wunderbare Filmaufnahme eines Auftritts in Austin von 1988. Darin spielt Cohen mit seiner Band »First we take Manhattan«, tritt nach der ersten Strophe etwas zurück und betrachtet die beiden Sängerinnen Julie Christensen und Perla Batalla, die so auf einmal im Vordergrund stehen. Cohen lächelt die beiden verträumt an, sein Gesichtsausdruck spiegelt Bewunderung und Freude, er wiegt sich leicht im Takt seines eigenen Songs. Dieser Augenblick zeigt, dass Cohen diese Stimmen keineswegs nur als Begleitung abtut, sondern eine Pose einnimmt, mit der er (vielleicht nur scheinbar) seinen Begleiterinnen den Vorrang lässt. Es ist allerdings bezeichnend, dass gerade der Song »Sisters of Mercy« in der ersten Studio-Version im Unterschied zu der Mehrzahl der anderen Songs auf dem Debütalbum von 1967 keine Frauenstimmen enthält. Doch warum ist das so, und was bedeutet in diesem Song das Schweigen der besungenen Frauen?

Die Songs aus Cohens Frühzeit werden sofort zu Hits und begleiten seine Auftritte über Jahrzehnte. Diese Lieder werden meistens als Liebeslieder wahrgenommen, sind aber viel mehr Hymnen an weibliche Figuren, die zwischen übermächtigen Zauberinnen, Müttern oder Schwestern, unsteten Überfrauen und verlassenen Hetären changieren. Können die Songs des frühen Albums – die solche Klischees des Weiblichen versammeln – also ausschließlich von männlichen Künstlern gesungen werden? Im Gegenteil, wie etwa die beiden so unterschiedlichen und zugleich sehr eindringlichen

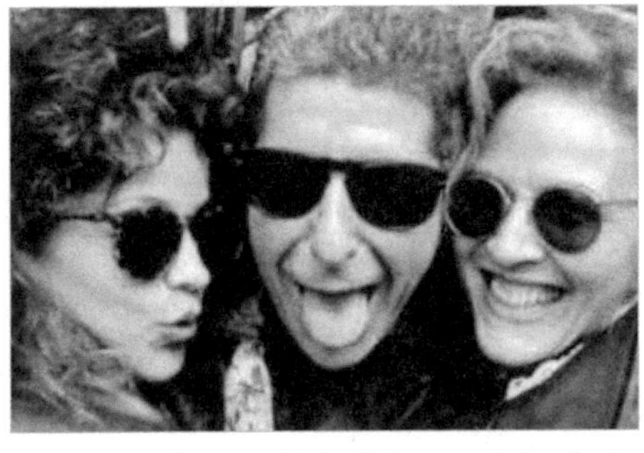

Perla Batalla, Cohen und Julie Christensen haben Spaß

»Suzanne«-Coverversionen von Nina Simone und Tori Amos, aber auch eine wunderbare »Sisters of Mercy«-Interpretation von Beth Orton zeigen. Diese Aneignungen durch weibliche Stimmen legen den Gedanken nahe, dass Cohens Songs zwar aus einer durchaus traditionellen, vielleicht auch essenzialistischen männlichen Perspektive verfasst sind, aber die Kategorien ›männlich‹ und ›weiblich‹ als Markierungen in einer Tradition von kulturellen Imaginationen des Geschlechts und den damit verbundenen Zuschreibungen in ihnen durchaus kritisch unterlaufen werden können. Die Lyrics nehmen verschiedene Stereotype und Figuren auf, die wir alle kennen, auch wenn wir sie ablehnen oder differenzieren und brechen wollen. Die traumhafte Frauengestalt in »Suzanne« schwankt etwa zwischen einer Heiligen und einer Hure, zwei sehr wirkungsmächtigen Repräsentationen des Weiblichen. Innerhalb dieser Tradition kursiert auch die romantische Idee, dass die Poesie und der Gesang nicht von Menschen gemacht sind, sondern uns von Musen oder der (weiblich codierten) Natur geschickt werden. »Sisters of Mercy« verdankt sich wie andere Cohen-Songs solchen teilweise sexistischen Ideen weiblichen Gewährens und männlicher Inspiration. Denn der Song ist Überwindung einer kreativen Krise und Trost in einem. Cohen spricht oft über die Qual der Kreativität und empfiehlt allen, das Unternehmen des Songschreibens »zu vermeiden wie die Pest«.[62] Solche halbironischen Aussagen verdeutlichen die Art der Gnade und den Trost, von dem in »Sisters of Mercy« die Rede ist.

*Oh the sisters of mercy, they are not departed or gone*
*They were waiting for me when I thought that I just can't go on*
*And they brought me their comfort and later they brought me this song*
*Oh, I hope you run into them, you who've been travelling so long*

Der Song beginnt ohne Intro unmittelbar mit Cohens Gesang, und zwar mit der emphatischen Interjektion »Oh«, was auf eine Hymne hindeutet. Und tatsächlich wird nun über die Schwestern gesungen, die sich selbst nicht äußern, deren Worte oder Stimme wir an keiner Stelle zu hören bekommen. Diese Schwestern der Barmherzigkeit sind Gestalten der (kreativen) Krise, die am Tiefpunkt auftauchen und dem

Sänger den richtigen Weg weisen. Denn die Barmherzigkeit besteht nicht nur in einem allgemeinen Trost, sondern auch in einem Song, *diesem* Song, den wir eben hören.

An vielen Stellen seines Werks verwendet Cohen religiöse Begriffe und Motive in einer säkularisierten Bedeutung, doch belässt er ihnen oft in zweideutiger Weise einen Assoziationshof des Heiligen. Ein Paradebeispiel wäre der Begriff »Hallelujah«, der sich vom liturgischen Lobgesang Gottes in den Psalmen ableitet, aber im berühmten Song auch im Kontext von Liebe und Musik steht. Eine solche Transformation religiöser Bedeutung unternimmt Cohen in »Sisters of Mercy« mit dem Begriff der Barmherzigkeit (»mercy«). In seiner biblischen Fundierung kommt dieser Begriff vor allem Gott zu. In der Bibel offenbart der Herr der Israeliten sich als ein »barmherziger und gnädiger Gott«, der den Bund mit seinem Volk auch im Exil nicht auflösen wird. In den psalmartigen Prosaminiaturen *Book of Mercy* aus dem Jahr 1984 verwendet Cohen später alle wichtigen Begriffe der jüdischen Theologie wie den Bund, das Exil oder die Barmherzigkeit, und auch Engel tauchen auf. So wie das Exil in diesen Texten zu einer allgemeinen Krise einer Depression oder einer kreativen Blockade wird, so gibt es auch den »angel of song«, der vom Sänger gerettet werden muss, indem er singt. In *Book of Mercy* ist das Singen als Überwindung der Krise zu verstehen, als Barmherzigkeit: »You let me sing«, spricht der Sänger seinen Gott, seinen Lehrer (oder eine Geliebte?) an.[63]

Das Gespräch über und mit den Engeln ist eine zentrale Medientechnik des Künstlers, die zum Gelingen seiner Kunst beiträgt und die es ihm erlaubt, kokett als ein privilegierter Meister aufzutreten, der Lebensweisheiten an das Publikum weitergibt. Im Song »So Long, Marianne« heißt es als Begründung für den Abschied des Sängers: »I forget to pray for the angels / and then the angels forget to pray for us.« Auch die »sisters of mercy« erinnern an Engel. Sie lassen einerseits an den ›angel of mercy‹ denken, den Engel der Barmherzigkeit. Andererseits sind es bei Cohen zwar mächtige, aber doch sehr liebliche Engel, die als schlafende Sphärenwesen seine Songs bevölkern und sie dem Sänger eingeben.

*

Cohen ist ein sehr belesener und detailversessener Dichter, der sich in der Literaturgeschichte bestens auskennt und immer wieder Anspielungen und Zitate aus der Weltliteratur in seine Songs einbaut. So enthalten die Lyrics von »Sisters of Mercy« etwa literaturgeschichtliche Bezüge zur englischsprachigen Romantik, namentlich zu John Keats Gedicht »La Belle Dame sans Merci. A Ballad« von 1819. Keats Ballade ist wie gemacht, um Cohens Aufmerksamkeit zu erregen, denn es geht in ihr in romantischer Manier um Versuchung und Begehren, Träume und Visionen sowie das Singen und Erzählen selbst, und auch eine anziehend-gefährliche Frau kommt vor.

In Keats »La Belle Dame sans Merci« erzählt ein kranker und einsamer Ritter davon, wie er inmitten von idyllischen Wiesen eine junge Frau mit langen Haaren und wilden Augen trifft. Doch diese verlockende »Lady« ist nicht, was sie scheint. Nachdem sie den Ritter in ihre Elfengrotte führt und man sich leidenschaftlich küsst, schläfert sie ihn mit ihrem Zauber ein. Der Ritter hat einen Albtraum, in dem er Könige und Ritter als wandelnde Tote sieht, ein Albtraum, der sich schließlich als die trostlose Realität herausstellt. Der sündige Ritter ist einer Dämonin auf den Leim gegangen und ist nun verdammt. Der letzte Satz der Ballade lautet: »And no birds sing.«[64] Cohen dagegen setzt das Hotelzimmer anstelle der Feengrotte, er beschwört Kreativität und Liebe, heilsame anstatt zerstörerische Weiblichkeit, die den Sänger (anstelle von Keats stummen Vögeln) zu singen beginnen lässt – als würde er das Schweigen der ewigen Verdammnis brechen.

Gemeinsam ist den Frauengestalten bei Keats und Cohen ihr allegorischer Charakter als *Femme fatale* und in diesem Sinn als Medien des Lieds. Keats Elfe aus dem Wiesengrund wie Cohens schlafende Schwestern gehören eher der Natur als der Kultur an. Es ist ein alter Gedanke der europäischen Romantik, dass die Poesie eine mystische Naturkraft sei und den (männlichen) Künstlern von geheimnisvollen weiblichen Wesen, Hexen, Elfen im Wiesengrund oder Nixen vermittelt wird.

Um die Inspirationsfiguren ja nicht zu verpassen, sind bestimmte Vorkehrungen notwendig. So gibt die zweite Strophe von »Sisters of Mercy« Anweisungen für die Selbstsorge und Selbstdisziplin des Sängers.

*Yes, you who must leave everything that you cannot control*
*It begins with your family, but soon it comes around to your soul*
*Well, I've been where you're hanging, I think I can see how you're pinned*
*When you're not feeling holy, your loneliness says that you've sinned*

Der Sänger muss sich ins Freie bewegen, um den günstigen Augenblick zu ergreifen, in dem ihm das Lied eingegeben wird. Er muss sich auf die Wanderschaft begeben. Dazu gehört auch, sich von allem Nicht-Kontrollierbaren, wie etwa von der Familie, abzukapseln. Denn der Künstler ist ein Solitär, einsam, hungrig und ohne Bindungen. Der Song verdankt sich aber nicht nur dieser Erkenntnis dichterischer Inspiration durch Absonderung, er will sie auch weitergeben.

Die Instrumentierung der zweiten Strophe ist reicher, erinnert an ein Zirkusorchester und klingt ein bisschen wie ein Tom-Waits-Song. Zugleich führt sie die Inszenierung des Sängers als weiser Instanz weiter. Der Zuhörerschaft werden Ratschläge erteilt, was eine enorm pathetische Wirkung entfaltet. Im Gestus der lehrenden Unterweisung will der Song unser Leben ändern.

*Well, they lay down beside me, I made my confession to them*
*They touched both my eyes and I touched the dew on their hem*
*If your life is a leaf that the seasons tear off and condemn*
*They will bind you with love that is graceful and green as a stem*

*When I left they were sleeping, I hope you run into them soon*
*Don't turn on the lights, you can read their address by the moon*
*And you won't make me jealous if I hear that they sweetened your night*
*We weren't lovers like that and besides, it would still be alright*
*We weren't lovers like that and besides, it would still be alright*

Im Satz »Well, they lay down beside me« lauert eine sexuelle Spannung. Die Formulierung evoziert die biblische Wendung »und er lag bei ihr« (z. B. Gen 34,2), und Cohen benutzt sie auf seinem ersten Album auch im Song »Suzanne«, wo damit die sexuelle Verfügbarkeit der titelgebenden Frauenfigur beschrieben wird: »You can spend the night beside her«. Die in der zweiten Strophe von »Sisters of Mercy« folgende Metaphorik von Tau, Blatt und Stiel bildet eine Art Sprache der Pflanzen, die diese Spannung nicht auflöst, sondern sie mehrdeutig weiterführt. Das Vorbild für die Ambivalenz von heiliger und sexueller Bedeutung des poetischen Textes ist das so genannte Hohe Lied, die lyrischen Texte der Bibel, die auf Hebräisch mit *shir hashirin* (Lied der Lieder) bezeichnet werden und auf die Cohen öfter anspielt.

Die Aussage des Sängers, dass er bei den schlafenden Schwestern seine Beichte abgelegt habe (»I made my confession to them«), ist also entweder ironisch zu verstehen oder sie deutet tatsächlich auf eine Beichte und damit auf das Schwesterliche – das Nonnenhafte – der Frauen hin. So existiert tatsächlich die globale Organisation des Religious Order of the Sisters of Mercy, ein 1831 in Irland gegründeter wohltätiger katholischer Nonnenorden. In der Schlussstrophe wird diese keusche Lesart bestätigt: »We werent't lovers like that« – eine Zeile, die wiederholt wird, indem sich der Sänger je einmal an die beiden Schwestern richtet und somit die Passivität der beiden schlafenden Schwestern doppelt besiegelt.

Den beiden Frauen wird jedoch auch eine potenziell aktive Sexualität zugeschrieben. Laut Sänger besteht für die implizierten Hörerinnen und Hörer die Chance einer Liebesnacht. Für das lyrische Ich erwächst die Gnade offenbar aber gerade nicht aus der sexuellen, sondern der künstlerischen Erfüllung. Der Song ist ein Substitut für den nicht stattfindenden Sex. Wie Silvia Bovenschen in ihrer Untersuchung *Die imaginierte Weiblichkeit* festhält, ist die Sprachlosigkeit der Frauen in der Kunst auch »Teil ihrer Mythologisierung«.[65] In diesem Mythos erlauben es der Schlaf und das Schweigen dem männlichen Sänger, zu wachen und seinen Song anzustimmen.

*

Zu Objekten gemachte Frauenfiguren und ihre Mystifizierung zu Medien der Kreativität finden sich in *The Songs of Leonard Cohen* auch in der ersten Strophe von »Suzanne«. Zwar basieren die Lyrics des Songs auf autobiografischen Erlebnissen, und die titelgebende Frau gibt es wirklich. Es handelt sich um die Tänzerin und Choreografin Suzanne Verdal, mit der der junge Cohen zeitweise eine (wohl platonische) Beziehung unterhält. Doch das Lied zeichnet eine archetypische Frauengestalt, eine allzeit verfügbare Unbekannte, die zwischen einer von der Gesellschaft marginalisierten Prostituierten und einer Art ewigen Geliebten changiert. In der dritten Strophe wird sogar explizit auf die Jungfrau Maria angespielt, allerdings mit einem Attribut, das in wiederum ambivalenter Weise auf eine Prostituierte verweist (»Our Lady of the Harbour«). Die Figur der Suzanne könnte ähnlich der Elfe bei Keats auch eine Nymphe sein, also eine jener antiken weiblichen Naturgeister, die gleichzeitig Verführerinnen wie auch Priesterinnen sind.

Dazu kommt ein weiteres zentrales Motiv: das des Flusses und des Fließens. In einem Interview von 2018 erzählt die Sängerin Perla Batalla, dass es Cohen daran gelegen sei, die Performance von »Suzanne« so zu gestalten, als würden sich alle in einem Ozean bewegen, das Thema des Songs sei das Wasser.[66] In den Lyrics bezeichnet der Ort ›unten am Fluss‹ ein gesellschaftliches und räumliches Abseits, vielleicht sogar ein Versteck. Zudem ruft er Fernweh und Fluchtfantasien auf (»You can hear the boats go by«), schließlich ist Suzanne eine unstete Figur, die Reise- und Aufbruchspläne hegt. Doch bereits der Fluss selbst ist ein weibliches Element oder besser: eine Dimension imaginierter Weiblichkeit. Dafür stehen weibliche Wasserwesen, die die Männer in den Abgrund locken wie beispielsweise die griechischen Sirenen, die Lorelei auf ihrem Felsen hoch über dem Rhein oder die Sagengestalt der Undine, abgeleitet von *unda* für Welle.

In »Suzanne« heißt es: »Then she gets you on her wavelength / And she lets the river answer / That you've always been her lover«. Wer auf der gleichen Wellenlänge ist, kann auch schweigend kommunizieren. Wenn Suzanne den Fluss antworten lässt, dann spricht sie ebenfalls in Wellen, mit einem Rauschen, vielleicht in der Sprache der Natur. Diese schweigsame Sprache wird als die Sprache der besungenen Frau verstanden, die dem männlichen Sänger wiederum zur Selbsterkenntnis verhilft, immer schon mit der weiblichen Instanz verbunden gewesen zu sein und in der Frau nur etwas zu entdecken, was er immer schon wusste und kannte. Die weiblich konnotierte Wellensprache, eine Poesie des Fließens, finden wir in »Sisters of Mercy« nicht ausdrücklich formuliert, dafür musikalisch in den Klangwellen der Gitarrenbegleitung, die sich auf und ab zu bewegen scheinen. Die Musik ist der Fluss dieses Songs, die schweigende Sprache der beiden Schwestern.

»Sisters of Mercy« beschreibt eine merkwürdige mediale Bewegung: Der Song erträumt sich eine Situation, in der angefangen werden kann, ihn zu singen, ja er stellt diese Anordnung selbst dar. Damit bannt er von Beginn an auch die Krise, um die er weiß, die er aber nicht konkret beschreibt, die kreative Krise des Nicht-Singen-Könnens. In seinem Band mit Prosaminiaturen schreibt Cohen in einer kurzen Meditation, die mit »You let me sing« eingeleitet wird: »You gave the injury a tongue to heal itself.«[67] Das Lied an sich entspringt also der Barmherzigkeit, bildlich gesprochen stellt es eine Zunge dar, mit der sich das Trauma selbst heilt. Die Schwestern in »Sisters of Mercy« dagegen haben keine Zunge. Sie singen nicht. Cohen führt sie uns als passive, stumme Wesen vor, die erst in den Bühnenversionen durch das »Lalala« der Background-Sängerinnen eine Art von Stimme bekommen. Die Bedeutung der schlafenden Schwestern liegt in ihrer Verbindung mit dem Rauschen des Flusses, den Tiefenschichten des Schlafs und dem Unbewussten als Medien des Lieds und damit als barmherziger Versicherung von Inspiration und Kreativität.

*

Das Motiv des Flusses und der Begegnung mit einer geheimnisvollen Frau am Fluss ist ein Motiv, das Cohens Schaffen bis zum Schluss begleitet. Wir finden es auch im Song »The Night of Santiago« auf dem posthum produzierten Album *Thanks for the Dance* (2019). Der Text dieses Songs stellt eine gekürzte Version des Gedichts »The Faithless Wife« mit dem Untertitel »after a poem by Lorca« in Cohens *Book of Longing* (2006) dar.[68] Vertont hat diesen Text außerdem Philip Glass für das auf Cohens Werk basierende Album *Book of Longing* (2007). Neben Cohens Song existiert eine bemerkenswerte Adaption von Glass' Vertonung durch die Schauspielerin und Mezzosopranistin Tara Hugo aus der Perspektive der im

Originaltext adressierten Frau, auf die hier zurückzukommen sein wird. Während in den Lyrics von »Sisters of Mercy« das sexuelle Verlangen nur angedeutet zur Sprache kommt, wird es in diesem Text explizit thematisiert. Allerdings erscheint Sex auch hier als ein Ereignis, das vor allem die Inspiration für den Song darstellt, einerseits verbunden mit dem Finden einer Stimme und andererseits mit dem Abtauchen ins Schweigen. In den frühen 2000er-Jahren ist Cohen einem größeren Publikum höchstens noch als Autor von »Hallelujah« ein Begriff. Ansonsten konnte man den Songwriter wohl als Überlebenden einer vergangenen Ära bezeichnen. Er lebt zurückgezogen im Mount Baldy Zen Center, einem buddhistischen Kloster in der Nähe von Los Angeles. Dort wird er 1996 offiziell zum Mönch ordiniert und trägt von da an den Namen Jikan (was »der Stille« bedeut), wie sich in einem vor Ironie nur so triefenden Artikel über den »pop music's reluctant rabbi Leonard Cohen« im *Montreal Mirror* nachlesen lässt.[69]

Doch Cohens spektakuläres Comeback 2008 gestaltet sich genauso einzigartig wie seine frühere Karriere. Es ist deshalb konsequent, dass Cohen nicht nur eine Poetik des Beginnens, sondern auch eine des Abtretens und Sterbens in sein Werk einfügt.[70] Dies zeigt sich zum einen in den selbstreferenziellen Songs wie »Going Home« oder »Show Me the Place« auf dem gefeierten Album *Popular Problems* (2014) oder der Hymne »You Want It Darker« auf dem gleichnamigen Album (2016), zum anderen auf demselben Album in melancholischen Texten des Liebesabschieds und der Rückschau auf erotische Begegnungen wie etwa »Leaving the Table«. In diese Reihe lässt sich auch »The Night of Santiago« stellen. Der Song ist eine Umschreibung von Federico García

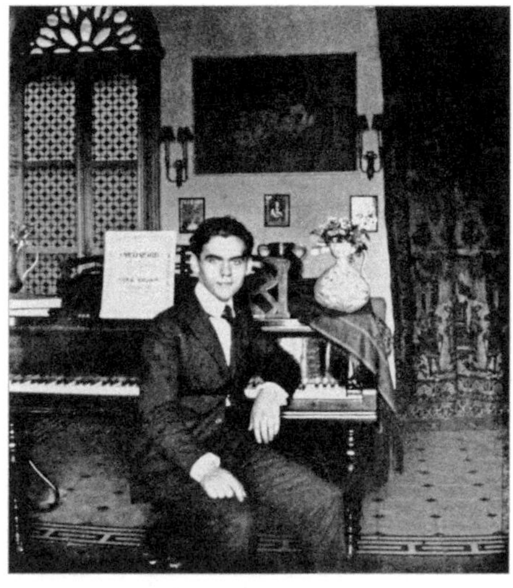

Federico García Lorca (1898-1936), im Alter von 20 Jahren in Spanien

Lorcas in der modernen spanischen Literatur kanonischem Gedicht »La Casada infiel« (»Die untreue Ehefrau«), der lyrischen Erzählung einer Liebesnacht, aber auch die Erinnerung an einen Abschied oder eine säkulare Beichte. Zum Eindruck des Alterswerks trägt auch Cohens Stimme bei: Wir hören einen Greis, der oft mehr raunt und raunzt, als einen melodischen Effekt zu erzeugen.

Diesem Murmeln könnte man eine (verkehrte) orphische Qualität zuschreiben, denn es scheint aus dem Totenreich zu klingen, um sich noch einmal an das intensive Leben zu erinnern. Im Gegensatz zu Lorcas Text betont der alte Cohen explizit die Dimension des Gedächtnisses in der Beschreibung der erotischen Begegnung: »Though I've forgotten half my life / I still remember this«. Cohens Altersstimme verleiht diesem Erinnerungsbild eine eigentümliche Gegenwärtigkeit, die durch ihre Brüchigkeit wiederum als nicht *ganz* präsent markiert wird, wie man es auch von vermeintlich vernommenen oder imaginierten Stimmen Verstorbener berichtet. Man kann deshalb sagen, dass sich Cohens Stimme in dieser posthum publizierten Aufnahme auf der Schwelle von Diesseits und Jenseits bewegt, sie ist mit einem von Cohen selbst vorweggenommenen und für uns Hörerinnen und Hörer real bereits vorangegangenen Tod verbunden, die Stimme als Gespenst. Damit basieren »The Night of Santiago« und andere Songs aus Cohens Spätwerk auf dem Phantasma einer Stimme, die den Tod beschwört oder sogar aus ihm entsteht.

Dieser Voraussetzung unterliegt »Night of Santiago« zunächst ganz konkret und technisch. Nach Aussage seines Sohnes Adam Cohen arbeitete sein Vater über mehrere Jahre an den Lyrics, ohne eine feste Entscheidung über die dazugehörige Musik zu treffen. Der Song wurde nach seinem Tod produziert, von Adam Cohen, dem Musiker Beck, Sílvia Pérez Cruz, dem Gitarristen Javier Mas, der Cohen bereits auf verschiedenen Touren begleitet hatte, sowie Carlos de Jacoba.[71] Die spanischen Musikerinnen und Musiker verleihen dem Song den flamencoartigen Charakter.

Blicken wir genauer auf den Text: »The Night of Santiago« stellt eine eigenwillige Adaption von Lorcas »La Casada infiel« aus dem Band *Romancero gitano* von 1928 dar. Ein Ich-Erzähler, der sich selbst als

»gitano legítimo«[72] bezeichnet, was Cohen als »gipsy« übernimmt, berichtet von der nächtlichen, leidenschaftlichen Begegnung mit einer verheirateten Frau, von der er glaubt – oder sie ihn glauben lässt –, sie sei eine »Jungfrau« (»virgen«). Zunächst könnte man annehmen, dass Lorcas (und Cohens) Ich-Erzähler eine passive und unerfahrene Frau vom Land verführt und großspurig davon berichtet, jedoch könnte es sich auch genau umgekehrt verhalten und die leidenschaftliche Frau zieht ihren Vorteil aus dem vorbeiziehenden, naiven Poeten, der vom aktiven Verlangen der Frau überwältigt wird. So scheinen sich ihre Brüste für ihn »plötzlich wie Hyazinthensträuße« zu öffnen (»En las últimas esquinas / toqué sus pechos dormidos, / y se me abrieron de pronto / como ramos de jacintos.«) und nachdem sie sich selbst ihr Kleid auszieht, nimmt sie ihm den Pistolengürtel ab.

Die erste Zeile des Textes lautet »Y que yo me la llevé al río«. Also etwa: »Und so habe ich sie zum Fluss genommen«. Diese Zeile nimmt die bereits ausgeführte Bedeutung des Flusses für die Lyrics auf. Hier wird eine erotische Geschichte erzählt, hier wird aber auch etwas über das Erzählen und Singen selbst gesagt. Denn die Zeile bildet wortwörtlich den Ein*fluss* für Cohen. Dieser versetzt die Zeile vom Anfang in den Refrain seines Songs (»So I took her to the river«) und wiederholt sie mehrmals. Bereits in Lorcas Text bedeutet »al río« nicht bloß eine Ortsangabe. Der Text eröffnet damit eine ganze Reihe vieldeutiger topografischer Metaphern, die von privaten Winkeln, Brombeerbüschen, Schilf und Dornen über Vertiefungen reicht, die der Mann in den Sand gräbt, bis zu den Falten und Vertiefungen des Körpers. Der Erzähler spricht mit einem pornografischen Bild von der besten aller Straßen (»el mejor de los caminos«), die er in jener Nacht gegangen sei, »auf einem perlmuttfarbenen Stutfohlen / ohne Zaumzeug und Steigbügel« (»montado en potra de nácar / sin bridas y sin estribos«). Dass sich der Erotiker Cohen für diesen Text interessiert, überrascht also kaum. Wie schon in seinen frühen Songs schreibt Cohen aus der Perspektive eines männlichen Ichs. Während aber bei Lorca die Erzählung von einem individuellen Erlebnis berichtet, weitet Cohen den Plot ins Allgemeine, wobei die Ambivalenz zwischen männlicher Prahlerei und weiblichem Verlangen beibehalten oder noch verstärkt wird. So enthält die Version aus *Book of Longing* auch eine an Lorcas erotische Metapher des Reitens anspielende Strophe, die den aktiven Part beim Sex der Frau überträgt: »That night I ran the best of roads / Upon a mighty charger / But very soon I'm overthrown / And she become the rider«.[73] Der Aussage im Refrain »So I took her to the river« fügt Cohen den generalisierenden Satz hinzu: »As any man would do«. Zu dieser heterosexuellen männlichen Universalisierung von Lorcas Text gehört auch die Erweiterung der Zeitangabe der Handlung. Bei Lorca erfährt man nur, dass es die ›Nacht von Jakobi [des Jakobstages] war‹, die Ballade also in der Nacht vom 25. auf den 26. Juli angesiedelt ist, einer hochgradig symbolischen Nacht, weil in vielen europäischen Gegenden dann ein erstes Erntefest gefeiert wird. Cohen nimmt diesen Festtag (»Santiago«) als Titel seines Songs und verschiebt damit die Perspektive von der Frauenfigur auf die imaginierte nächtliche ›Ernte‹, singt aber noch: »And I was passing through«. Damit betont Cohen das flüchtige Element der Ich-Figur. Dies bedeutet eine bereits bei Lorca angelegte Romantisierung oder Idealisierung der Sinti und Roma, aber ebenso ein Wiederaufnehmen der bereits in seinen frühen Songs zum Ausdruck gebrachten Idee der Absonderung des Sängers aus der Gesellschaft. Dementsprechend erscheint Lorcas Ausgangstext nicht nur aufgrund seines expliziten Erotizismus interessant für Cohen, sondern weil sich die Erotik vor allem über die Lüge der Frau, über ihre Untreue ergibt, und damit in einer Situation außerhalb institutioneller Kategorien wie Ehe oder Familie stattfindet. Auch romantische Liebe wird negiert, indem bei Lorca und bei Cohen der Erzähler behauptet, sich nicht verliebt zu haben, da die Frau ja verheiratet gewesen sei. Die Begegnung erzählt also von einem ausschließlich physischen Begehren, von uneingehegter, ›roher‹ Sexualität.

Diese Fantasie von Ausbruch und temporärer Verwilderung ist inmitten wilder Vegetation am Flussufer angesiedelt. In Lorcas Gedicht enden sowohl die erste wie die letzte Zeile mit der Ortsangabe »al río«. Das Flussufer steht auch hier für einen Ort im Abseits, vielleicht eine fantastische Dimension, in der die alltäglichen Ordnungen von Moral, Zeit und Raum fließend sind. Lorcas mobiler Ich-Erzähler schenkt der Frau am Schluss, als die beiden im Morgengrauen den Fluss verlassen, eine Nähtasche, womit sie in die Nähe einer Prostituierten gerückt und ihr allein die Verantwortung für den Ehebruch zugeschoben wird. Das männliche Ich hingegen kann sich mit dieser zwiespältigen Geste wieder zurück in die Konvention der patriarchalen Ordnung begeben, die mit der Situation ›am Fluss‹ temporär aufgehoben scheint.

Cohen gestaltet diesen Moment ambivalenter: »I gave her something pretty / And I waited till she laughed / I wasn't born a gypsy / To make a woman sad«. In Lorcas Text verweist der Mann die Frau mit dem Geschenk der Nähtasche auf ihren weiblichen Platz (und vielleicht soll so gleichsam auch die Ehe und damit die gesellschaftliche Ordnung wieder genäht werden). Bei Cohen hingegen bleibt der Charakter des Geschenks unbestimmt – es könnte sich um ein intimes Spiel zwischen den beiden Liebhabern handeln, um ein konventionelles Souvenir oder aber um eine reine Angeberei des Mannes (»I wasn't born a gipsy to make a woman sad«). Von Lorca übernimmt Cohen, dass bis auf die Unterhaltung zu Beginn alle Aussagen der weiblichen Figur im Text nicht wiedergegeben werden.

Lorca:

*No quiero decir, por hombre,*
*as cosas que ella me dijo.*
*[Ich möchte nicht erzählen, als ein Gentleman,*
*die Dinge, die sie mir sagte. CB]*

Cohen:

*Now, as a man I won't repeat*
*The things she said aloud*
*Except for this, my lips are sealed forever*
*And for now*

Sowohl Lorca wie auch Cohen umkreisen an dieser Stelle die Frage nach der Artikulation des weiblichen Begehrens, allerdings wahrt der Erzähler in beiden Fällen entsprechend einem patriarchalen Verhaltenskodex am Ende darüber Diskretion. Obwohl anders gestaltet als in »Sisters of Mercy«, steht damit auch in diesem späten Cohen-Song das

Verschweigen weiblicher Rede im Zentrum. Vielleicht ist der innere Impuls von »The Night of Santiago« gerade dieses paradoxe Versiegeln der Lippen ›für immer und für jetzt‹. Denn der Mann ist ja in Wahrheit ganz und gar nicht schweigsam, sondern besingt sein Erlebnis sehr elaboriert in poetischer Sprache und durchaus indiskret, so spricht er von den Brüsten der Frau und der Beschaffenheit ihrer Schenkel. Ja, es ist die schiere physische Präsenz der Begegnung, die im Zentrum der Erinnerung und des Textes steht.

Deshalb liegt der Gedanke nahe, dass auch die von Lorca übernommene Frauenfigur in Cohens Alterswerk eine Figuration des ›angel of song‹ darstellt, also ähnlich wie die mythologisierenden Frauenfiguren des frühen Albums als Figur der Inspiration verstanden werden kann. Diese übertragene Lesart wird dadurch unterstützt, dass in »The Night of Santiago« der Fluss ebenfalls ein wichtiges Motiv darstellt. Der Fluss ist Schauplatz der erotischen Subversion, aber auch ein Topos der Poesie an sich: Die Poesie kommt aus den Tiefen des Flusses, aus seinen Wellen und seinem Fließen. Wie die Sexualität, von der hier die Rede ist, liegt der Ursprung der Poesie jenseits der konventionellen Ordnungskategorien, jenseits auch von Intentionalität oder Bewusstsein. Wie Cohen in seiner Rede zur Verleihung des Prinz-von-Asturien-Preises 2011 sagt: »Lyrik entsteht an einem Ort, den niemand beherrscht und niemand erobert.«[74] (»Poetry comes from a place, that no one commands and no one conquers.«[75])

»The Night of Santiago« übernimmt neben diesem Topos des Flusses als Ort der Inspiration auch Lorcas Motive und Metaphern. Diese orientieren sich an klassischer Liebeslyrik: Der Liebesort inmitten von Pflanzen, die Vergleiche der Schönheit der Geliebten mit Blüten (hier die Haut, die Hyazinthen gleiche) und die Erwähnung von Lilien. Diese Elemente verweisen zudem auf das bereits erwähnte Hohe Lied und damit auf die Grundambivalenz von Liebesschilderungen in der Weltliteratur, dem Schwanken zwischen erotischer Wortwörtlichkeit und spiritueller Abstraktion.

Im Gegensatz zu literarischen Texten wie Lorcas Gedicht oder auch Cohens eigenen Lyrikbänden gehören die Musik und die Stimme des individuellen Sängers, die teilweise stark mit der Rezeption des Songs verbunden ist, essenziell zu Popsongs. »The Night of Santiago« ist ein spezieller Song, insofern er ein posthum veröffentlichter Hybrid aus Cohens aufgenommener Stimme und einer später dazu produzierten Musik bildet. Allerdings ist die Musik nicht willkürlich gewählt. Wie Cohen in der oben erwähnten Rede zur Verleihung des Prinz-von-Asturien-Preises ausführt, ist die Flamenco-Gitarre für die Entstehung seines Werks und seiner Karriere als Musiker grundlegend. Anstelle von Davids Harfe versinnbildlicht dies für Cohen seine Gitarre der spanischen Marke [Filippo] Conde, die er zu einem mystischen Instrument stilisiert, aus dem der Zedernduft des Herkunftslandes strömt, welcher den Sänger wortwörtlich inspiriert.

Auch unterstreicht er in der Rede nochmals die tiefe Verbundenheit mit Federico García Lorca. Als Jugendlicher habe er sich intensiv mit englischen Dichtern beschäftigt, »doch ich fand keine Stimme«.[76] Erst durch die Lektüre des spanischen Lyrikers habe Cohen überhaupt erfahren, was eine »Stimme« sei und was es bedeute, »eine Stimme zu haben«:

> *Es ist nicht so, dass ich seine Stimme nachgeahmt hätte; das würde ich nicht wagen. Aber er gab mir die Erlaubnis, eine Stimme zu finden, eine Stimme auszumachen; und das bedeutet: ein Selbst auszumachen, ein Selbst, das nicht feststand, sondern ein Selbst, das um die eigene Existenz kämpfte.*[77]

Die Figur Lorcas wird hier selbst zum »angel of song«, der dem Sänger die Erlaubnis gibt, seine ›Stimme‹ zu erheben und zu sich selbst als Künstler zu gelangen. In dieser Perspektive ist das Lesen eine Initiation und öffnet einen Weg, die eigene Kreativität zu wecken. Dieser Weg führt nicht über Imitation, sondern über die Inspiration durch einen anderen.

Dieser Begriff der Stimme, den Cohen in seiner Rede verwendet, ist einerseits konventionell und meint jene Metapher, die eine Mischung aus individuellem Stil, Wortwahl und Syntax, Sound und Themenwahl, also die poetischen Entscheidungen eines Textes umfasst. Andererseits aber verweist Cohens Bezug auf Lorca durch den

Begriff der Stimme auf eine mythische Ursprungsidee von Gesang. Diese mysthische Idee wird in der eigentümlichen klanglichen Qualität von Cohens Altersstimme besonders kenntlich. ›Stimme‹ meint auch eine komplexe Qualität, die »weder Medium noch Metapher, weder materieller Klang noch Stellvertreter eines Sinnkonzeptes«[78] darstellt. Sie zu finden bedeutet nach Cohens Ausführungen zu Lorca, der Inspiration zu folgen und sich der Poesie zu überlassen. Diese Poesie artikuliert sich in »The Night of Santiago« aus einer heterosexuellen, männlichen Optik, in der die adressierte Frau vielleicht lediglich ein Anlass der Erinnerung und des Schreibens darstellt und kaum zu Wort kommt.

Ganz anders verhält es sich in der von Tara Hugo gesungenen Philip-Glass-Vertonung im Stil eines klassischen Lieds, die auf dem Album *Tara Hugo sings Philip Glass* (2012) zu hören ist. Ebenfalls unter dem Titel »The Night of Santiago« wurde Cohens Text konsequent so umgeschrieben, dass er die weibliche Sicht formuliert.

*I said I was a virgin*
*That wasn't what he'd heard*
*But he was not the Inquisition*
*He took me at my word*

*And yes I lied about it all*
*My children and my husband*
*You were meant to judge the world*
*Forgive me but I wasn't*

Hugo singt die Zeilen zunächst spöttisch und bringt die ganze Lakonie des Textes zur Geltung. Warum große Worte verlieren, wenn es nur um ein wenig Sex spät in der Nacht geht? Warum soll der Mann auch groß nachfragen, er ist ja schließlich nicht die Inquisition. In ihr »yes« legt sie dann jedoch das ganze Einverständnis, ja die Erregung der Verführerin, die sich gegen jede Konvention und gegen die sexistischen Regeln der Gesellschaft einen jüngeren Mann angelt. Hugos Stimme artikuliert die Stimme, die bei Lorca und Cohen beinahe unhörbar bleibt. Sie betont die Lust, die für sie darin liegt, dass der Mann sie berührt, vor allem aber, dass sie die Führung übernimmt: »very soon he's overthrown / And I become the rider«. Hugo singt diese explizite Passage ungestüm und dramatisch mit einer lauter werdenden, auftrumpfenden Stimme.

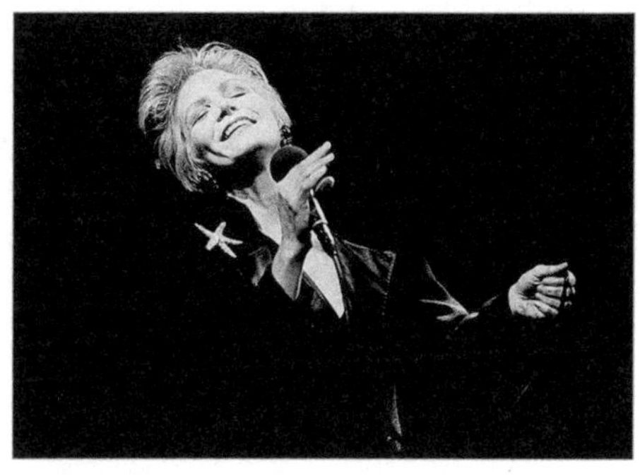
Tara Hugo singt Cohen (nach einer Philip-Glass-Komposition)

Auch die Passagen gegen Schluss, die vom Geschenk nach dem Sex berichten, bekommen eine alternative Bedeutung. »He gave me something pretty / And waited 'till I laughed / He wasn't born a gipsy / To make a woman sad«. Bringt Cohens Stimme hier die Ambivalenz zwischen maskuliner Angeberei und Melancholie des Es-ist-vorbei zur Geltung, die solche Geschichten auszeichnet, hört man aus der weiblichen Stimme noch ganz andere Aspekte heraus. Die Frau kann die Geste kaum ernst nehmen. Sie lacht, weil es von ihr erwartet wird – oder noch viel mehr, um dem jungen Liebhaber ein gutes Gefühl mitzugeben. Der Satz »He wasn't born a gipsy / To make a woman sad« hört sich danach sarkastisch an: Klar, so sind die Männer eben. Eigentlich aber ist dieser Sängerin das Selbstgefühl oder die Selbstlegitimation des männlichen Egos herzlich egal.

»You were meant to judge the world / Forgive me but I wasn't«. Diese Aufforderung, sich des Urteils zu enthalten, könnte man auch als Antwort auf potenzielle Vorwürfe oder Kritik verstehen: Hier wird eine Geschichte über Begehren und Lust erzählt und keine moralische Fabel. Vielleicht handelt es sich bei der männlichen Figur aus »The Night of Santiago« sogar um eine Verkörperung des jahrhundertealten sexistischen männlichen Blicks. Er ist derjenige, der urteilt. Die Sängerin dagegen entledigt sich im Beharren darauf, nicht moralisch zu urteilen, für den Zeitraum jener Nacht von Jakobi gerade ihres Objektstatus.

Tara Hugos und Cohens Stimme berichten in den jeweiligen Versionen des Songs beide von der Erinnerung an eine flüchtige Begegnung, die nicht verblasst und die eine bestimmte Bedeutung hat. Die Sängerin erzählt dabei mit einer vollen und vibrierenden Stimme von einem

Augenblick der Lust und der Ermächtigung. Cohens Grabesstimme dagegen besteht vor allem in der Erinnerung selbst, die mit dem sexuellen Verlangen weniger dessen Erfüllung und den Triumph der Verführung als den Abschied danach thematisiert. Denn Cohen erzählt diese Geschichte auch, um sich zu verabschieden – zu verabschieden aus seinem Werk, von der Poesie und von der Liebe mit ihren manchmal eigenartigen und schwierig zu verstehenden Begegnungen. Uns aber bleibt nichts anderes übrig, als noch einmal Play zu drücken und Cohens Stimme dabei zuzuhören, wie sie beginnt und aufhört zu singen.

# KATASTROPHE UND KABBALA. DIE ABSOLUTE STIMME

Am 14. Juni 1993 strahlt der US-amerikanische Sender MTV ein knapp halbstündiges Interview mit Leonard Cohen anlässlich des Erscheinens seines Albums *The Future* aus. Wer sich dieses Interview heute ansieht, blickt auf eine bereits historische Szenerie. Der Musikvideosender ist auf seinem Zenit. Am populärsten sind im Jahr 1993 etwa die Clips von Popdiven wie Whitney Houston, Janet Jackson oder Mariah Carey. Erfolgreich sind die Rocker von Aerosmith oder der Red Hot Chili Peppers, die Rapper Dr. Dre und Snoop Dogg. Zudem befinden wir uns mitten in der Grunge-Welle, noch ist Kurt Cobain am Leben, und das Musikvideo des Nirvana-Songs »Heart Shaped Box« wird auf den Bildschirmen hoch und runter gespielt.

Cohen stellt in dieser Landschaft allein schon visuell eine singuläre und fremdartige Erscheinung dar. Er ist in einen maßgeschneiderten Nadelstreifenanzug und Krawatte gekleidet, sein Haar grau meliert. Über seine Popularität scheint er sich zu amüsieren. Ist er als bürgerlicher Intellektueller vielleicht bloß zufällig in die Popwelt geraten? Während er eine Gebetskette in seinen Händen dreht, erklärt er dem halb so alten Moderator seinen Song »The Future«. Der Kalte Krieg und die Krisen der Zeit seien fast tröstliche Ereignisse angesichts des zu erwartenden gigantischen Crashs – und eigentlich sei die ganze Weltgeschichte nichts anderes als eine Abfolge von Katastrophen. Dieser Prophet auf MTV ist (wie alle Propheten) ein Entertainer, allerdings ein kulturpessimistischer und tendenziell konservativer. *The Future* ist kein Album der Revolution oder des Protests, sondern ein Tanz am Rand der Apokalypse.

Der Beginn der 1990er-Jahre ist auf den ersten Blick keine gute Zeit für Weltuntergangsrhetorik und Melancholie. Es herrscht Gewinnerstimmung. Alles sieht danach aus, als hätte das westliche System gerade einen epochalen Sieg errungen. Der Eiserne Vorhang fällt, die

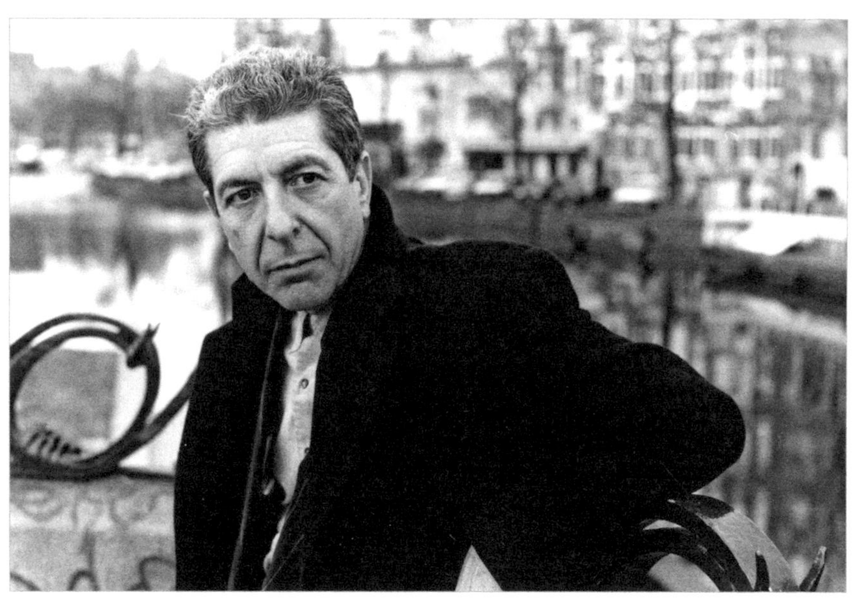

Melancholie: Cohen 1995 in Amsterdam

Berliner Mauer wird abgerissen. Die Sowjetunion hört 1991 auf zu existieren, wobei die katastrophischen Langzeitfolgen dieser historischen Umwälzung noch nicht absehbar sind. Vielmehr verspricht die Zukunft das Glück in Form einer bunt strahlenden, globalen Konsumkultur. Die Wahl Bill Clintons zum Präsidenten der USA, einem saxofonspielenden Vertreter der Baby-Boomer-Generation, lässt auf eine gesellschaftspolitische Liberalisierung hoffen. Doch in dieser Vision tun sich erste Risse auf, die anzeigen, dass der Sieg von freiheitlicher Gesellschaft und Popkultur vielleicht nur eine Atempause darstellt, dass die Geschichte möglicherweise doch nicht an ihr Ende gekommen ist. Durch die Atmosphäre des Kalten Kriegs lange gehemmt, geraten die Spätfolgen und Traumata von Kolonialismus und Rassismus wieder stärker in Sicht. Der Zweite Golfkrieg 1991 entfacht Konflikte, die die Welt und die Weltpolitik bis heute erschüttern. Im Frühjahr 1992 brechen in Los Angeles Unruhen aus, nachdem weiße Polizisten den Afroamerikaner Rodney King brutal zu Tode geprügelt haben; die Täter werden in einem Gerichtsverfahren freigesprochen, ein Geschehen, das sich wie eine US-amerikanische Zwangsneurose bis heute zu wiederholen scheint. Für Cohen, der damals in Los Angeles lebt, weisen diese bedrohlichen und schmerzhaften Stränge der Gegenwart in eine düstere Zukunft, dem in dieser Zeit entstehenden Album gibt er den Namen *The Future*.

Schon im Titelsong entwirft der Sänger die Welt als Abgrund, die Jetztzeit als Krise und andauernde Apokalypse. *The Future* erscheint bei Columbia und ist im Unterschied zu früheren Alben kommerziell sehr erfolgreich, das Album verkauft sich in den USA über 250.000-mal und schafft es in Kanada und Europa in die Charts. Cohen bekommt 1993 den kanadischen Juno Award als bester männlicher Sänger verliehen. In seiner Dankesrede formuliert er den berühmt gewordenen Satz: »Only in Canada could somebody with a voice like mine win Vocalist of the Year.«

Dieser unerwartete Erfolg von Cohens Stimme ist auch ein Symptom dafür, dass die 1990er-Jahre nicht nur als Dekade des Friedens erlebt werden, sondern Gewalt in der westlichen Gesellschaft eine neue mediale Präsenz bekommt. Es ist symptomatisch, dass der Song »The Future« für den Soundtrack von Oliver Stones Film *Natural Born Killers* (1994) verwendet wird. Der Film ist eine fiebrige Gewaltorgie, deren satirisches Potenzial umstritten bleibt. Vor allem stellt er eine ungeheure Wut auf die patriarchal-bürgerliche Gesellschaftsordnung aus. Cohens Stimme scheint diese Wut auf ideale Weise zu intonieren.

Im Gegensatz zu den Alben der 1960er- und 70er-Jahre gibt es auf *The Future* keine klassischen Protestsongs mehr. Songs wie »The Future«, »Anthem« oder »Democracy« sind geschichtsphilosophische, visionäre Monumentalstücke, in denen wir nur noch wenige Hinweise darauf finden, dass das Individuum aktiven Einfluss auf die Welt oder die Politik nehmen könnte. Es handelt sich um philosophische Tableaus, die zur Betrachtung über die (Un-)Möglichkeit von Glück einladen. Dabei pendeln diese Songs zwischen absoluter Illusionslosigkeit und Zynismus, was den kollektiven politischen Fortschritt angeht, sowie Korridoren individueller Hoffnung auf Neubeginn und Frieden. Diese Hoffnung begründet sich in Motiven, die sich in der zeitgenössischen New-Age-Spiritualität finden lassen, aber auch in einem mystischen

Menschen- und Weltbild, das Cohens persönlicher religiöser Prägung entstammt. Mit seinen präzisen und kenntnisreichen Bezugnahmen auf die Kabbala (die Tradition der jüdischen Mystik) schafft Cohen ein Gegenmodell zur Livestyle-Adaption durch das so genannte Kabbalah-Centre in den 2000er-Jahren, dem Madonna und andere Prominente zu zweifelhaftem Erfolg verhelfen. Die Gebetskette aus dem MTV-Interview ist also vielleicht nicht nur ein beliebiges Accessoire, sondern ein aufschlussreiches Detail, das nicht ohne Grund wie ein Fremdkörper auf der Glanzfläche des kapitalistischen Popspektakels wirkt.

Es ist ein Topos jüdischen Denkens, dass sich das Kommen des Messias und die Erlösung in den Untiefen historischer Katastrophen ankündigen. Dies ist nicht mit Optimismus oder positivem Denken zu verwechseln, sondern meint eine Hoffnung, die trotz aller widrigen Umstände dennoch bestehen bleibt bzw. durch ihre Unwahrscheinlichkeit sogar noch an Stärke gewinnt. Eine von Cohens berühmtesten Wendungen, der Satz »There's a crack in everything, that's how the light gets in« aus »Anthem«, gibt dieser Denkfigur einen markanten Ausdruck. Das Licht, von dem Cohen spricht, kann sehr vieles meinen. Der ›crack‹, sei es als Riss, als Öffnung, als Irritation, findet sich auf *The Future* motivisch in vielerlei Gestalt. Im Song »Democracy« erscheint er in Form der Demokratie selbst, die sich historisch durch verschiedene historische Umwälzungen und Katastrophen hindurch manifestiert. In der ersten Strophe werden in dem Zusammenhang zum Beispiel so unterschiedliche Schlagworte wie das Ozonloch und der Pekinger Tiananmen-Platz assoziiert, auf dem das chinesische Regime 1989 die Proteste für Demokratie mit mörderischer Gewalt erstickt. Wir befinden uns also inmitten einer Serie düsterer Kulminationspunkte, aufgrund derer der Kampf um eine gerechtere und nachhaltigere Gesellschaft bereits verloren scheint, von denen ausgehend sich aber auch ein Bewusstsein für potenzielle Wendungen hin zu einer besseren Welt entwickeln ließe.

*

Bereits das Vorgängeralbum *I'm Your Man* von 1988 spielt apokalyptische Motive aus, vor allem der erste Track »First we take Manhattan« mit seinen insgesamt rätselhaften Lyrics. Die Studio-Version mit ihrer Synth-Pop-Begleitung klingt nach Eurodance und bildet einen Kontrast zu Cohens Stimme, die hier härter als je zuvor ertönt. Es ist eine prophetische Stimme, die von metaphysischen Gewissheiten und einer schicksalhaften Bestimmung geleitet wird (»I'm guided by a signal in the heavens / I'm guided by this birthmark on my skin«). Es könnte auch die Stimme eines Propheten sein, der sein Kommen und damit ein unfassbares Ereignis ankündigt. Vielleicht ist es sogar die Stimme eines jüdischen Rächers, der aus Amerika über den Atlantik reist, um zurück nach Europa und Deutschland zu gelangen (»Ah, you loved me as a loser, but now you're worried that I just might win [...] First we take Manhattan, then we take Berlin«).

Mit *The Future* tritt Cohen definitiv als Prophet auf, und zwar nicht, weil er die Zukunft prognostizieren könnte, sondern weil er eine alternative Sicht auf die Geschichte ermöglicht. Diese Gegenerzählung beruht auf der marginalisierten jüdischen Perspektive, auf der damit verbundenen Erfahrung und Tradition sowie der jüdischen Mystik. Getragen wird diese Perspektive von Cohens Stimme, die sowohl durch einen dunklen Zynismus gefärbt ist, als auch von Hoffnung kündet. So erscheint in »The Future« die Zukunft als Apokalypse, »Democracy« beschwört die weiterhin glimmende Glut der Demokratie. Das immense Pathos, mit dem dieser in die Moderne versetzte biblische Prophet den Fortschritt der Zeit verneint, ist in fast jeder Zeile mit einer giftigen Ironie gemischt. Denn ob dieser Seher seine Forderungen etwa nach der Rückkehr Stalins wirklich ernst meint, lässt sich getrost bezweifeln.

Cohens hymnisch-raspelnde Stimme verkörpert diese Mischung von heiligem Ernst und abgründigem Spott. Eine Mischung, die auch der Titeltrack »The Future« vorführt. Der Song ist überraschend tanzbar, fast discotauglich. Die Musik kontrastiert mit dem dunklen Text. Cohen nannte »The Future« in dem bereits erwähnten Interview auf MTV mit schwer zu durchschauender Selbstironie einen »hot little dance track«.

In der Studioaufnahme beginnt »The Future« mit einem Synthesizer-Gongschlag, der lange nachklingt, während parallel das Schlagzeug einsetzt. Es ist eine jazzige Popnummer, die durch die Streicherbegleitungen kitschigen Schmelz erhält und in denen die 1980er-Jahre deutlich nachklingen. Cohens fast tonlose, düstere Stimme hat einen metaphysischen Sound, als würde ein Magier durch die Disco-Umgebung des Songs schreiten. Dabei mutet er dem Publikum einen zunächst vollkommen unverständlichen Text zu:

*Give me back my broken night*
*My mirrored room, my secret life*
*It's lonely here*
*There's no one left to torture*
*Give me absolute control*
*Over every living soul*
*And lie beside me, baby*
*That's an order!*

*Give me crack and anal sex*
*Take the only tree that's left*
*And stuff it up the hole*
*In your culture*
*Give me back the Berlin wall*
*Give me Stalin and St. Paul*
*I've seen the future, brother*
*It is murder*

Bereits die erste Zeile ist rätselhaft. Der Sänger fordert dazu auf, ihm etwas zurückzugeben: »my broken nights«. Was ist eine zerbrochene Nacht? Es ist vielleicht eine schlaflose Nacht oder eine Nacht ohne Morgen, scheinbar geht es um eine Störung oder einen Bruch. In der Nacht wird einerseits geschlafen und geträumt, andererseits getanzt und geliebt, aber auch gestohlen und gemordet. Die Nacht meint manchmal das der Aufklärung entgegenstehende Dunkel, das Verbrechen und den Kulturbruch, nach dem es allerdings wieder Morgen wird, etwa im Sinn von Elie Wiesels Buch *La Nuit*, das sein Überleben während der Shoah erzählt. Diese Assoziation ist nicht so abgelegen, wenn man daran denkt, dass die sogenannte Kristallnacht (die Nazi-Pogrome gegen die jüdische Bevölkerung im November 1938) im Englischen auch als ›Night of the Broken Glass‹ bekannt ist.

Die Metapher »my broken night« bleibt obskur, was für den Song insgesamt typisch ist. Die Figuren und Chiffren von »The Future« führen ein nicht zu entschlüsselndes Assoziationspanorama vor. Literaturwissenschaftlich könnte man vielleicht von ›absoluten Metaphern‹ sprechen, wie sie in der modernen Dichtung seit Mitte des 19. Jahrhunderts etwa bei Stéphane Mallarmé und Arthur Rimbaud auftauchen, Metaphern, die nicht auf eine Entsprechung in der Wirklichkeit verweisen, die den poetischen Text quasi als die wirkliche Wirklichkeit verstehen.[79] Auch die Komposita der zweiten Zeile – »my mirrored room, my secret life« – vermögen es nicht, die grundsätzliche Dunkelheit aufzulösen. Sie stellen ebenfalls den bereits zu Beginn von »The Future« fehlenden Bezug zu einer Wirklichkeit außerhalb des Songs nicht her. Der Song ist selbst eine Art »mirrored room«, ein Spiegelkabinett von sich ergänzenden und negierenden Bedeutungen. Wenn Cohen von politischen Themen singt und wir durch seinen Gestus dazu neigen, ihm prophetische Qualitäten zuzuschreiben, müssen wir uns daher dennoch hüten, eindeutige Rezepte gegen konkrete politische Krisen oder gar Glaubenssätze für unsichere Zeiten von ihm zu erwarten. Was er anbietet, ist durchaus Trost, allerdings entspringt dieser aus der Einladung zur Deutung selbst. Wie man in Internetforen sehen kann, beschäftigen sich Fans weltweit mit der Bedeutung von Poplyrics, und gerade Cohens Texte sind Gegenstand zahlreicher Internetforen. Das Nachdenken über die rätselhaften Aussagen ist eine für viele Menschen sinnstiftende Beschäftigung, fast wie früher das gemeinsame Lesen der Bibel. Cohen war selbst geübt in solchen deutenden Lektüren. In einem Gespräch in New York mit Arthur Kurzweil im November 1993 nach dem Erscheinen von *The Future* erinnert er sich daran, wie er als Kind mit seinem Großvater das Buch Jesaja studiert habe.[80] Der Großvater habe eine Passage vorgelesen und diese dann ausgelegt, sei wieder zur selben Passage zurückgekehrt, habe sie noch einmal vorgelesen und noch einmal neu gedeutet und so weiter. Cohens Lyrics sind wohl deshalb so erfolgreich, weil sie selbst ein solches repetitives und nicht abschließbares Interpretieren erlauben, es sogar provozieren.

Cohen selbst wurde immer wieder zu seinen Songtexten befragt, in der Regel, ohne sie im Sinn des Interviewers restlos zu erklären. Cohen bestätigt und erweitert seine Bezüge zur aktuellen Politik und zu aktuellen Ereignissen in den Interviews manchmal, verkompliziert sie allerdings auch oft durch weitere Hinweise auf kulturelle oder historische Kontexte, die nicht weniger deutungsbedürftig erscheinen als der Songtext, zu dem er befragt wird. So führt Cohen in einem TV-Interview zu seinem Song »The Future« aus, dass mit den beiden Ausdrücken »broken night« und »mirrored room« der drohende Verlust des Privatlebens mit seinen geschützten Räumen in der globalen Massenkultur gemeint sei. Diese sich abzeichnende Situation einer absoluten Öffentlichkeit hat sich seit den 1990er-Jahren in der digitalen Ära offensichtlich noch verschärft. Die medial durchformte und durch Liveticker, Timelines etc. verfasste Öffentlichkeit passt nicht umsonst zu dem in den Zeilen drei bis acht beschriebenen aufgeblähten Ego: ein einsames Ich, das in Befehlen spricht, absolute Kontrolle und Unterwerfung einfordert, so wie ein einsamer Twitterer. Dieses absolute Ego ist mit der absoluten Metapher der ersten Zeile insofern verwandt, als dass es keine Dialogfähigkeit mit einem Anderen außerhalb seiner eigenen Wirklichkeit – seiner Bubble – aufzubringen vermag. Cohens biografisch fundierte Ausführungen zur jüdischen Interpretationstradition sowie sein systematisches Vermeiden von endgültig festlegenden Aussagen im Sinn einer politischen Eindeutigkeit können heute vielleicht auch als Gegenprogramm zum Meinungszwang der Sozialen Netzwerke verstanden werden. Obwohl diese Deutung anachronistisch ist, scheint Cohen die medialen Entwicklungen hellsichtig bemerkt zu haben. In einem TV-Interview vom Dezember 1992 antwortet Cohen auf die Frage, warum er eigentlich Popsongs schreibe, mit der Feststellung, dass in der Gegenwart eigentlich jede Kultur zur Popkultur geworden sei, dass wir alle auf »diesen hoffnungslosen kleinen Bildschirm starren« würden[81] (eine Formulierung, die Cohen seinem Song »Democracy« entnimmt).

Die Stimme, die uns in »The Future« anraunt, ist ebenfalls eine Stimme der Popkultur, der sie erhebende Prophet spricht zu uns über den Bildschirm. Und vielleicht ist es deshalb auch logisch, dass Cohen als

»vocalist of the year« ausgezeichnet wurde. Denn diese Stimme scheint ein grassierendes Unbehagen in der westlichen Popkultur zu artikulieren, ihre Abgründigkeit ist ein Ausdruck für verdrängte Ängste und gewaltsame Affekte, die die Umbruchphase der 1990er-Jahre hintergründig dominieren.

Der Sänger tritt in den ersten beiden Strophen als männliche Kassandra-Figur auf, die die goldenen Zukünfte, die Heilserwartung der religiösen und säkularen Religionen – von Kommunismus (Stalin), Christentum (Paulus) oder Kapitalismus – demontiert. Dieser Eindruck wird unterstützt von Cohens heiserem und von Härte erfülltem Sprechgesang, der sich vom Weltschmerz und vom da und dort aufglimmenden Schmelz seiner frühen Alben verabschiedet hat. Anstatt Romantik finden wir in »The Future« denn auch nur noch sexuelle Aggressivität. Der Sänger spricht zwar ein »Baby« an, erteilt diesem allerdings einen Befehl. Von dieser Gewaltsamkeit ist auch die zweite Strophe geprägt, die konkreter ist als die erste. Cohen sang in Konzerten manchmal »careless sex«, was verdeutlicht, dass es um Bilder für transgressives Begehren geht, um Entgrenzung und das Zusammenleben ohne eine spirituelle oder auch nur sinnvolle Basis. Dies korrespondiert mit dem Thema der Abtreibung in der letzten Strophe des Songs, beschwört also Zukunftslosigkeit oder besser eine unterbrochene Zukunft voller Frustration über nie realisierte Möglichkeiten.

Mit dem Satz »Give me back the Berlin wall« spricht der Sänger eine Sehnsucht nach der Ordnung des Kalten Kriegs aus, aber auch diesen Satz verstehen wir in den 2020er-Jahren wohl noch einmal anders: Einerseits fordern sehr viele Menschen Mauern zurück, befestigte Grenzen, die eine vermeintlich verlorene Stabilität und Größe wiederherstellen sollen. Andererseits hat die Stelle während der neuen Kriege des 21. Jahrhunderts eine unerwartete Aktualität bekommen. So befinden wir uns in einem neuen Zeitalter starker, mit Apodiktik kommandierender Männer, und der Sänger erscheint als Schreckenskünder, der dieses Begehren in all seiner Absurdität ausspricht. Mit dem Wunsch nach der Rückkehr Stalins wird an das Grauen des alten 20. Jahrhunderts gemahnt, also das »Loch« in der westlichen Kultur, jene absoluten Negativpunkte der Moderne, die sich nicht durch irgendwelche

Heilungsprozesse in etwas Positives transformieren lassen und die sich immer wieder auftun wie dunkle Abgründe der Weltgeschichte.

Cohens Sprachbilder sind nie eindeutig und manchmal paradox. So enthalten auch die Lyrics von »Democracy« ein »Loch«, das in diesem Song aber eine positive Bedeutung als kreativer Eintrittspunkt erhält. Während »The Future« das Katastrophische und Abgründige hervorhebt, zeigt »Democracy« die Hoffnung epochaler Ereignisse. Der Fall der Berliner Mauer etwa spielt in beiden Songs eine Rolle, einmal als Schauspiel eines Ordnungsverlustes von noch unabsehbaren Ausmaßen, einmal als Signal für die Möglichkeit einer besseren Welt.

»Democracy« beginnt mit den Zeilen »It's coming through a hole in the air / From those nights in Tiananmen Square«. Mit »it« meint Cohen wohl die Demokratie, für die chinesische Demonstrantinnen und Demonstranten in Peking mit ihrem Leben eingetreten sind und für die auch Cohen seine Stimme erhebt. Denn obwohl diese Bewegung niedergeschlagen und heute von der chinesischen Regierung aus der offiziellen Geschichtsschreibung ausradiert wurde, bewahrt die Liedzeile eine hoffnungsvolle Dimension. Die Pointe von Cohens »Democracy« besteht darin, dass die Demokratie nicht von den Vereinigten Staaten oder deren Regierung ausgehend imaginiert wird. Vielmehr stellt sich der Song die Demokratie als mythische oder göttliche Kraft vor, die einerseits von gemeinschaftlichen Bottom-up-Bewegungen wie denjenigen in China ausgeht, andererseits ihren Ursprung auch in den sozialen Kämpfen für Bürgerrechte in den USA oder in künstlerischen Visionen hat. Der Sänger inszeniert sich als Prophet dieser sich immer wieder neuformierenden, utopischen und universellen Dynamik: »the heart has got to open / In a fundamental way«. Dabei stellen katastrophische Ereignisse oder gesellschaftliche Missstände wie die Umweltzerstörung, die AIDS-Epidemie oder die Obdachlosigkeit für Cohen gleichzeitig Impulse für eine solche spirituelle und politische Erneuerung dar. Dies steht in einem Gegensatz zur Dystopie von »The Future«, die solche Öffnungen kaum zulässt.

Die Öffnung im Himmel – wohl eine Anspielung auf das zu Beginn der 1990er-Jahre sehr präsente Problem des Ozonlochs über der Antarktis – ist gleichzeitig der Ursprung utopischer Energie. Diese manifestiert sich in der zwischenmenschlichen Verbindung der Aktivistinnen und Aktivisten und dem demokratischen Zusammenleben als einer immer wieder neu zu erringenden Praxis. Cohen hat die Entwicklungen im Westen und vor allem in den USA im Blick, was im 21. Jahrhundert durch die Unterwanderung und Bedrohung der Demokratie in den USA eine neue politische Dringlichkeit erlangt hat.

Wie »The Future« ist auch »Democracy« angefüllt mit Wendungen, die als Anspielungen auf epochale politische Ereignisse zu verstehen sind, aber ebenso eine metaphorische Qualität aufweisen. So singt Cohen in der zweiten Strophe von einem Sprung in der Mauer (»a crack in the wall«), eine Formulierung, die auf den Fall der Berliner Mauer hinweist, allgemeiner aber zudem mit Cohens Lyrics von »Anthem« in Verbindung steht: »There's a crack, a crack in everything / That's how the light gets in«. Das ›Loch‹, der ›Riss‹ oder der ›Sprung‹ können also Wunden oder irreparable Beschädigungen meinen, aber gerade diese Versehrtheit ist die Quelle einer potenziellen Erlösbarkeit, ja vielleicht eines nur noch messianisch verständlichen kommenden Wunders, von dem Cohen im Song »Waiting for the Miracle« singt, der auf dem Album als zweiter Track nach »The Future« folgt.

Die verschiedenen prominenten Namen und religiösen oder politischen Anspielungen in »The Future« wirken vage, teilweise willkürlich oder sogar paradox. Sind wirklich die historischen Ereignisse gemeint? Handelt es sich um Allegorien? (Aber wofür?) Was bedeutet es, wenn der Sänger in »Waiting for the Miracle« singt, er sei seit dem Ende des Zweiten Weltkriegs nicht mehr glücklich gewesen? Auch die zunächst kryptische Zusammenstellung von Stalin und Paulus in »The Future« steht im Kontext der Ambivalenz von Cohens Metaphern wie »blizzard of the world«: Seine theologischen und politischen Bilder und Figuren können ebenso gut ihr Gegenteil bedeuten. Die Zusammenstellung von Stalin und Paulus ist denn auch symptomatisch für die im Refrain besungene Auflösung von Ordnung und Identitäten, eine Zone der absoluten Ununterscheidbarkeit.

Sicher ist nur, dass jene Katastrophe, die bereits angebrochen scheint und unaufhaltsam auf uns zukommt, nicht auszumessen ist. Im Refrain heißt es: »Nothing you can measure anymore.«

*

*Things are going to slide, slide in all directions*
*Won't be nothing*
*Nothing you can measure anymore*
*The blizzard, the blizzard of the world*
*Has crossed the threshold and it has overturned*
*The order of the soul*
*When they said repent (repent)*
*I wonder what they meant*

Diese Zeilen enthalten Motive und Redeweisen der Prophetie. Im Unterschied zum Protest und zum Protestsong richtet sich die Prophetie nicht auf eine konkrete politische Praxis, sondern auf das große Ganze, ja die ideelle Basis der Politik an sich. In diesem Sinn ist auch der Prophet in der Disco ein pathetischer Megalomaniker, der das *Big Picture* im Sinn hat, den Verlust der westlichen Werte und das Vergessen von Gott, Liebe und Moral. Cohen wendet diese konservativen, religiösen Motive zu einer säkularen Prophetie und zu säkularisierten Bildern der Endzeit. Ob Stalin oder Paulus, Jesus oder Hiroshima – wie es in der letzten Strophe heißt – als Konsequenzen der Gottesferne zu verstehen sind, ist nicht klar und spielt auch keine Rolle. Wichtig ist nur, dass in »The Future« die traditionelle Möglichkeit der Buße und der Umkehr nicht mehr gegeben ist, dem Sänger fehlt jedes Verständnis für die Aufforderung zum Bereuen (»When they said repent, I wonder what they meant«), die alten Verfahren zur Läuterung sind nur noch leere Floskeln. In aller Konsequenz bedeutet dies ein Leben jenseits von Gut und Böse, eben das Zerbrechen der Ordnung der Seele (»the order of the soul«) und des westlichen Codes (»the breaking of the western code«), wobei eine neue Ethik zumindest bei Cohen nicht in Sicht kommt.

Die Struktur der Apokalypse besteht klassischerweise in der Verknüpfung von Untergang und Erneuerung, Vernichtung und Erlösung. So glaubten etwa die Juden des 11. Jahrhunderts, die brutalen Verfolgungen durch die Kreuzfahrer seien Anzeichen eines nahenden Messias. Auch für das Christentum steht diese Denkfigur im Zentrum, und in »The

Future« ist der Bezug auf das christliche Heilsgeschehen und Jesus offensichtlich. In der zweiten Strophe von »Democracy« erwähnt der Sänger als Quelle demokratischer Hoffnung unter anderem die Bergpredigt – die er vorgibt nicht zu verstehen. Konsequenterweise fehlt in »The Future« das zweite, optimistische Element der apokalyptischen Struktur: die Erlösung. Die Möglichkeit zur Reue bedeutet im Judentum und im Christentum die grundsätzliche Möglichkeit, seine Sünden einzusehen und zu Gott zurückzufinden. Die reuelose Apokalypse ist dementsprechend eine Apokalypse ohne Messias, ein Untergang ohne Auferstehung. Dieses absolut Negative wird in der Konstellation der Stimmen in der Studioversion von »The Future« reflektiert: Im Refrain bekommen die typischen souligen, weiblichen Background-Stimmen, die tatsächlich wie ein Engelschor wirken, auch eine inhaltliche Bedeutung. Über ihr langgezogenes »Repent« (»Bereue!«) antwortet Cohen mit zynischem Raunen: »I wonder what they meant.« Cohen wirkt hier ein bisschen wie Al Pacino als Satan in *The Devil's Advocate*.

In »The Future« geraten alle Dinge ins Schleudern, die Welt wird auf den Kopf gestellt, ganz wie im Buch Jesaja. Dieser biblische Prophetentext verbindet Spiritualität mit eindrücklichen Bildern des Schmerzes und katastrophaler Gewalt. Jesaja vergleicht an verschiedenen Stellen das Gottesgericht oder das Kommen des Messias mit einem Sturm oder einem Unwetter. In Kapitel 28 weissagt er, dass »ein starker und mächtiger vom Herrn [der Messias] wie ein Hagelsturm, wie ein schädliches Wetter, wie ein Wassersturm« die Feinde Israels »zu Boden mit Gewalt« werfen wird. Der ›Weltsturm‹ aus dem Song nimmt dieses Bild der Bibel auf.

Wenn Cohen in »The Future« eine prophetische Stimme erklingen lässt, tut er dies, indem er die entsprechenden biblischen Bücher zitiert. Er inszeniert er sich aber auch selbst als Prophet. Die prophetische Stimme kommuniziert nicht nur bestimmte Inhalte, sondern wirkt selbst performativ. Das heißt, sie schafft Realitäten oder möchte realitätsprägend sein. Denn der Prophet versteht sich als Beauftragter Gottes, der unmittelbar dessen Wort weitergibt. Die Stimme des Propheten ist nur ein Gefäß für die Stimme Gottes.[82]

Prophetische Figuren treten denn auch immer in Krisensituationen auf. Sie klagen eine falsche Politik, mangelnde Moral oder fehlende

Gläubigkeit an. Cohens »The Future« macht hier keine Ausnahme. Bereits am Anfang des Songs fordert der Sänger etwas Verlorenes zurück (»Give me back my broken night«), beklagt einen Mangel. Auch die biblischen Propheten, die sich stets auf der Schwelle zwischen Heiligem und Historischem bewegen, erinnern ihr Publikum daran, dass die Gegenwart desaströs ist und die Geschichte in den Abgrund führt. Sie betonen, dass die Krise bereits begonnen hat und die Zukunft schmerzhaft werden kann, falls das Publikum und die politischen Machthaber nicht umkehren und ihr Leben auf Gott ausrichten. Aber in nachbiblischen Zeiten ist ein solcher prophetischer Redemodus ebenfalls attraktiv, besonders für die moderne Dichtung und vor allem für die deutsche und englische Romantik, etwa für William Blake,[83] einen Autor, auf den sich Cohen gerne beruft.

Der ausgemalte Untergang birgt keinen Erlösungshorizont, nur *dass* das Unglück kurz bevorsteht, ist in »The Future« sicher. Diese Wahrnehmung einer nahen Zukunft als Katastrophe steht im Kontext der Spätmoderne und ihrer Krisenwahrnehmung. Einerseits scheint der Umschlagpunkt hin zum großen Endknall immerzu kurz vor uns zu liegen, sei es als Versagen des Finanzsystems, des Kollabierens des globalen Ökokreislaufs oder des Klimas. Andererseits weisen alle diese sehr schwierig zu durchschauenden Problemfelder auf die Wahrnehmung einer Metakrise hin, einer kontinuierlichen Katastrophe, in der das Katastrophale gerade darin besteht, dass immer alles so weitergeht wie bisher.[84] Cohen hat diese Wahrnehmung in einem Interview von 1993 bestätigt: »Ich denke, dass die Zukunft bereits hier ist. Ich denke, es gibt eine kollektive Verzweiflung, dass alles kollabiert ist, dass die Welt zerstört wurde.«[85]

Der Gedanke einer kontinuierlichen Katastrophe – also einer Gegenwart, in der die Krise immer schon zugunsten des Untergangs entschieden ist – hat Echos in der europäischen Geschichtsphilosophie gefunden, etwa im berühmten Text »Über den Begriff der Geschichte« des deutsch-jüdischen Philosophen und Kulturtheoretikers Walter Benjamin sowie in der Bibel, konkret in der Geschichte von Jakobs Traum in Genesis 28.

Benjamin verfasste »Über den Begriff der Geschichte« kurz vor seinem Tod auf der Flucht vor den Nazis 1940 unter dem Eindruck des

Hitler-Stalin-Paktes. Seine Thesen sind Ausdruck eines umfassenden Pessimismus, aber auch der Hoffnung auf bessere Verhältnisse, die sich blitzhaft in einzelnen Augenblicken zu zeigen vermögen. Von Benjamins kompliziertem und anspielungsreichem Text scheinen untergründige Linien zu Cohens Songs »The Future« zu verlaufen. Dass Cohen Benjamins Thesen kannte, ist möglich, aber nicht nachzuweisen. Benjamin schreibt, dass es den Juden stets untersagt gewesen sei »der Zukunft nachzuforschen«,[86] doch dieses religiöse Verbot der Wahrsagerei habe nicht zu einem sinnlos dahinplätschernden Leben geführt, sondern zum Gedanken, dass sich die Erlösung eben in jedem Augenblick, in jeder Sekunde ereignen könnte. Diese Idee ist die zentrale Denkfigur des jüdischen Messianismus, und sie grundiert auch Benjamins Kritik des Fortschrittsgedankens. Ihre Radikalität bekommt diese Kritik aus der Verzweiflung im Sommer 1940, als die deutsche Armee dabei ist, Europa zu unterwerfen, und der Philosoph für sich selbst keinen Ausweg mehr sieht.

Dabei vertritt Benjamin gegen faschistische wie kommunistische Heilsversprechen die »Tradition der Unterdrückten«.[87] Dieser Blick auf die verdrängte Seite der Geschichte belehre uns darüber, dass Diskriminierung und nackte Gewalt immer schon die Geschichte bestimmt hätten. Technische, wissenschaftliche oder politische Innovationen und Reformen könnten die traumatischen Spuren von Gewalt und Verlust nicht dialektisch in ein zu Optimismus Anlass gebendes Muster aufheben. In Benjamins geschichtsphilosophischem Text findet sich an zentraler Stelle, in der berühmten neunten These, das Bild des Sturms. Der Sturm (in Cohens Worten: »blizzard«) ist auch eines der auffallendsten Motive in »The Future«. Bei Benjamin wie in Cohens Song steht der Sturm im Zusammenhang mit einer Haltung gegenüber der Zukunft. Benjamins neunte These beginnt mit einer Beschreibung von Paul Klees Bild *Angelus Novus* (das Benjamin besaß) und dessen Allegorisierung als »Engel der Geschichte«. Dieser Engel habe

> *das Antlitz der Vergangenheit zugewendet. Wo eine Kette von Begebenheiten vor uns erscheint, da sieht er eine einzige Katastrophe, die unablässig Trümmer auf Trümmer häuft und sie ihm vor die Füße*

*schleudert. Er möchte wohl verweilen, die Toten wecken und das Zerschlagene zusammenfügen. Aber ein Sturm weht vom Paradiese her, der sich in seinen Flügeln verfangen hat und so stark ist, daß der Engel sie nicht mehr schließen kann. Dieser Sturm treibt ihn unaufhaltsam in die Zukunft, der er den Rücken kehrt, während der Trümmerhaufen vor ihm zum Himmel wächst. Das, was wir den Fortschritt nennen, ist dieser Sturm.*[88]

Wie Cohens »blizzard« weht auch Benjamins Sturm konstant. Der Sturm ist ein apokalyptisches Geschehen, das nicht irgendwann in der Zukunft auf uns wartet, sondern bereits andauert. Er bläst den Engel aus der Vergangenheit in eine katastrophale Gegenwart und verhindert die Zukunft als Erlösung. Der »Engel der Geschichte« hat der Zukunft den Rücken zugewendet, aber auch gegenüber der Vergangenheit hat er keine Macht. Alles, was ihm bleibt, ist die Wahrnehmung des Geschehens, das *Sehen*. In diesem Sehen liegt ein weiteres Element, das Benjamins Text mit »The Future« verbindet. Der Sänger hat die Zukunft als Mord *gesehen*, und auch in der dritten Strophe des Songs identifiziert er sich mit einer Instanz, die die Nationen aufsteigen und fallen *gesehen* habe. Es ist eine zeitentrückte und übergeschichtliche Figur, die in der dritten Strophe nun wieder eine religiöse oder religionsphilosophische Dimension ins Spiel bringt.

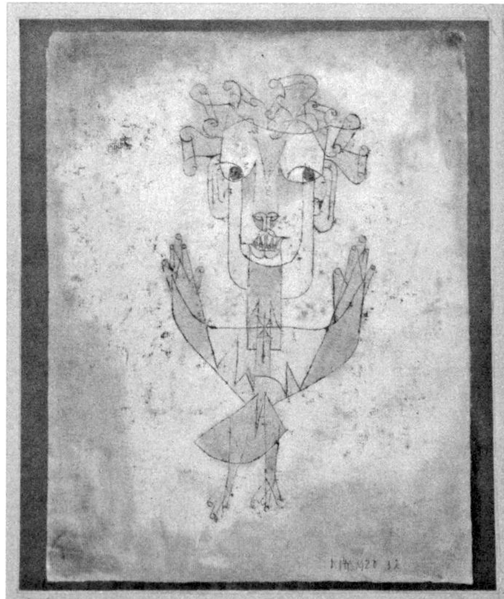
Paul Klee: Angelus Novus (1920)

*You don't know me from the wind*
*You never will, you never did*
*I'm the little Jew*
*Who wrote the Bible*
*I've seen the nations rise and fall*
*I've heard their stories, heard them all*
*But love's the only engine of survival*

Die Aussage »I'm the little Jew who wrote the Bible« wird öfter als Beleg von Cohens jüdischer Identifikation gelesen. Doch die Zeile trieft vor Sarkasmus. Cohens Stimme ist an dieser Stelle der Studioversion fast flüsternd, sie betont das Wort »bible« wie eine Pointe. Es ist eine mehrdeutige Pointe. Die Figur des »Kleinen Juden«, der die Bibel geschrieben hat, erscheint als nietzscheanische Gestalt, die für den Monotheismus und die monotheistische Ethik verantwortlich ist, um ihre eigene Schwäche zu kompensieren und die – nach Nietzsche – eigentlich legitimen Lenker der Geschichte damit niederzuhalten. Wenn der Satz also eine Identifikation sein soll, dann eine sehr abgründige, weil sie implizit bestehende Fremdperspektiven aufnimmt und unklar bleibt, ob diese bejaht oder verneint werden. Diese unscharfe Identifikation beschäftigt Cohen offenbar über Jahrzehnte, wie seine erst 2023 veröffentlichten Aufzeichnungen von seiner Reise von Griechenland nach Israel in den Jom-Kippur-Krieg 1973 belegen. Dort notiert er, nachdem er spöttisch einen amerikanischen Konvertiten zum Judentum beschreibt: »Hätten wir sie unsere Bibel lesen lassen sollen? Leute wie ich haben die Bibel geschrieben. Wir taten es aus Bösartigkeit und Verzweiflung.«[89]

Bösartigkeit und Verzweiflung sind passende Charakteristika für die Stimme von »The Future«. Mit dieser Mischung und in ihrer seltsamen Zeitlosigkeit ist der Sänger auch ein Outsider, der sich den großen Leitnarrativen der Geschichte wie dem Christentum, Hegels Weltgeist oder dem Kommunismus widersetzt. »[T]he little Jew« ist ein jüngerer Bruder des Engels der Geschichte, für den es keine Synthese und keine Versöhnung gibt. Wie Benjamins Angelus Novus beobachtet er über die Jahrtausende die wechselnden Machtverhältnisse, ohne je eigene Handlungsoptionen zu besitzen.

Für die Szenerie dieses »Kleinen Juden« verwendet Cohen ein biblisches Bild, das für die jüdische Tradition eine fundamentale Bedeutung besitzt, nämlich das 28. Kapitel der Genesis. Dieses Kapitel erzählt, wie Jakob auf der Flucht vor seinem Bruder Esau im Freien übernachtet: »Da hatte er einen Traum: Siehe, eine Treppe stand auf der Erde, ihre Spitze reichte bis zum Himmel. Und siehe: Auf ihr stiegen Engel Gottes auf und nieder.« Diese Vision wurde und wird sehr unterschiedlich gedeutet. Die jüdische Kommentarliteratur sieht die auf- und absteigenden Engel als die verschiedenen historischen Nationen – also noch einmal ganz andere Engel der Geschichte –, während Jakob als Symbol des Volkes Israel gilt. Die politische Interpretation dieser Bibelstelle hat eine theologische Verankerung, denn im Traum sieht Jakob Gott vor der Treppe, der das Versprechen auf das Gelobte Land erneuert und Jakob eine reiche Nachkommenschaft ankündigt.

Cohen erweitert die metahistorische Vision aus Jakobs Traum: »I've seen the nations rise and fall / I've heard their stories, heard them all«. Wir finden hier ein seherhaftes Element, das vom prophetischen Gestus in der vierten Strophe wiederaufgenommen wird.

*Your servant here, he has been told*
*To say it clear, to say it cold:*
*It's over, it ain't going*
*Any further*
*And now the wheels of heaven stop*
*You feel the devil's riding crop*
*Get ready for the future:*
*It is murder*

Der Sänger bezeichnet sich mit prophetischem Gestus als Diener Gottes, der die ihm aufgetragene Nachricht klar und kalt verkündet, und tatsächlich ist Kälte sicher ein passendes Attribut, um Cohens Stimme in »The Future« zu bezeichnen. Dieser Sänger beschwört assoziativ ein apokalyptisches Lebensgefühl und weist sehr allgemein auf die Liebe als Überlebensrezept in der Kälte hin. Die Nächstenliebe ist nicht nur ein jüdisches, sondern auch ein christliches Credo, das basale Gebot des Monotheismus. Vielleicht warnt dieser jüdische Autor der Bibel – und damit eines oder *des* ›westlichen Codes‹, wie es in der fünften Strophe heißt – davor, diese Liebe zu vergessen. Doch von einer wie auch immer gearteten Erlösung oder auch nur von einer Verbesserung von Umständen ist keine Rede: »It's over, it ain't going any further.« So wie es keine Reue mehr gibt (oder auf jeden Fall keinen Sinn der Reue mehr), so gibt es auch keine Umkehr und kein Ziel mehr, es ist ganz einfach vorbei. Wir hören einem Propheten zu, der das Volk der Bibel repräsentiert, der vertraut ist mit dem Urtext der westlichen Welt und nun deren Ende verkündet. Cohens Stimme ist Ausdruck dieses Endzeitgefühls, einer paradoxen Erhabenheit, mitten im Sturm des Untergangs noch einmal zum Tanz aufzuspielen. Und so wie die dritte und vierte Strophe formal die erste und zweite parallelisieren, so wiederholt das Ende der vierten Strophe schließlich den Ausblick auf die Zukunft als Vernichtung.

Die fünfte Strophe knüpft daran an und führt die Redeweise des prophetischen Genres fast klassisch aus. Der westliche Code ist zerbrochen, die sozialen und moralischen Normen und Regeln des Zusammenlebens sind außer Kraft gesetzt, obwohl es oberflächlich den Anschein macht, dass alles so weitergeht wie immer. Darum zeichnet der Song ein groteskes Bild einer verkehrten Welt, in der die westlichen Ideen von Freiheit oder Privatheit nicht mehr gelten. Gespenster und Feuer auf der Straße sind Signale der Postapokalypse. Die Wendung »You'll see« (du wirst sehen) impliziert wiederum eine sinnliche Unmittelbarkeit der geschilderten Gewalt und eine typische Zeitordnung des prophetischen Sprechens: Dass der Prophet dies bereits gesehen *hat*, verbürgt für seine Zuhörerschaft, dass sie dies alles sehen *wird*.

Dieses Gewaltpotenzial, dessen absurde Dimension der Song etwa mit der Figur des Sektenführers und Mörders Charlie Manson ausdrückt, wird in der sechsten und letzten Strophe zu einer Forderung nach absoluter Vernichtung gesteigert.

*Give me back the Berlin wall*
*Give me Stalin and St. Paul*
*Give me Christ or give me Hiroshima*
*Destroy another fetus now*
*We don't like children anyhow*
*I've seen the future, baby*
*it is murder*

Die Krise umfasst die persönlichen Beziehungen und das Privatleben wie die Politik, aber auch die Möglichkeiten des Verstehens. Denn eine eindeutige Auflösung des Sinns bietet der Song an seinem Ende nicht. Cohens Rede von der Zukunft ist wie der Ausdruck »broken night« eine absolute Metapher. Beides weist nicht auf eine eindeutige Bedeutung hin, sondern nur auf den Song selbst. Dieser absolute Song hat keine mit ihm eindeutig korrespondierende Wirklichkeit außer der Stimme des Sängers. Cohen ist nicht im landläufigen Sinn ein Prophet, weil er die Zukunft vorhersagen würde, sondern weil er jeden einfachen Optimismus und jede simple Prognose, aber auch die Politik und die Geschichtsschreibung als solche als vergeblich und leer ansieht angesichts der massiven Krise, angesichts der Zukunftslosigkeit unserer Zukunft. Gegen solche Erwartungen artikuliert die Stimme Cohens ein alternatives Geschichtsverständnis absoluter Gegenwart: Die Zeit verläuft nicht linear gemäß einer Heilsgeschichte oder eines Fortschritts, vielmehr ist sie ein Sturm, der uns immer weiter in den permanenten Untergang treibt. Doch Cohens lyrische Bilder vom ›Loch‹, vom ›Riss‹ oder vom ›Sprung‹ haben nicht nur die negative Bedeutung katastrophaler Ereignisse, sondern bilden auch Einbruchstellen für utopische Energien in Augenblicken, in denen das Ende bereits sicher scheint. Dies scheint Benjamins Idee eines blitzhaften Umschlags verwandt. Damit ist keine konkrete Utopie gemeint, angedeutet ist ein eher alternatives Modell zur Idee des linearen Fortschritts. Ein solcher blitzhafter Einbruch des Lichts in die Dunkelheit fasst Cohens Credo »There is a crack in evrything« aus »Anthem«, wird aber vor allem in »Democracy« beschrieben.

Wir haben bereits bemerkt, dass in »Democracy« im Gegensatz zu »The Future« optimistische Bilder vorherrschen. Cohen malt die Demokratie als eine Art Naturgewalt aus, als eine aus der Zerstörung und der Enttäuschung, aus zwischenmenschlicher Energie hervorgehende Kraft. »Democracy is coming to the USA« wird im Refrain wiederholt – wie ein Mantra für die spirituellen und politischen Hoffnungen, die sich trotz allem mit den Vereinigten Staaten von Amerika verbinden. Cohen hat keine Illusionen, was das liberale System und die konkrete Politik der USA betreffen. Schließlich reist er selbst als junger Mann nach Kuba und sieht sich immer als Teil der Gegenkultur. Im Text von »Democracy« heißt es, dass die USA die Wiege des Besten und Schlimmsten darstellten, dass dort aber auch das spirituelle Verlangen am größten sei. Im Band *Book of Longing* von 2006, der auch viele von Cohens Illustrationen enthält, vermerkt der Autor neben einem gezeichneten griesgrämigen Selbstporträt: »oh and one more thing / you aren't going to like / what comes after America«.[90]

Diese lakonische Notiz formuliert eine minimale politische Moral, dass nämlich trotz aller Fehlschläge und trotz aller Fehler bis jetzt keine gerechtere Form staatlicher Organisation als die westliche liberale Demokratie gefunden wurde. Demokratie an sich müsste sich allerdings immer wieder neu erfinden und definieren. Demokratie muss immer wieder von unten erträumt, eingefordert und erkämpft werden. Cohen selbst spricht vom »experiment of democracy«, von einem ›Labor der Demokratie‹ in den USA. In den 2020er-Jahren werden Cohens Mischung aus Zynismus und Utopismus sowie sein Verständnis von Demokratie als unfertiges Labor eher noch an Anziehungskraft gewonnen haben. Doch Cohen ist eben kein Didaktiker, er hat zeitlebens kaum einen unmittelbaren politischen Kommentar zur Tagesaktualität abgegeben. Eine Entscheidung zwischen dem Fatalismus von »The Future« und der Hoffnung von »Democracy« wird nicht getroffen. Cohens Werk öffnet einen ganz anderen Pfad, der in eine spirituelle Richtung geht und der sich auf dem Gelände verschiedener religiöser Traditionen, hauptsächlich aber dem des Judentums bewegt.

*

Als Beleg für Cohens Aneignung der Kabbala, der spätmittelalterlichen jüdischen Mystik, wird immer wieder der balladenartige Song »Anthem« herangezogen. Der Religionswissenschaftler Elliot R. Wolfson – für den Cohen »der inspirierendste und bescheidenste aller zeitgenössischen jüdischen Dichter« sei – bezeichnet ihn beispielsweise als »die bedeutendste kabbalistische Erklärung« des Dichters und Popstars.[91] Dieses Urteil soll nicht bestritten werden. Doch mit seinen kabbalistischen und mystischen Bezügen ist »Anthem« auch ein Song über Songs, über das Singen und die Kreativität. Der Song hat eine für Cohens Schreiben und Singen zentrale Bedeutung. Cohens Stimme und die Stimmen seiner Begleitsängerinnen bilden dabei das Medium einer Präsenzerfahrung, die natürlich in vielen Musikstücken zentral ist, von Cohen aber in den Lyrics zusätzlich explizit beschworen wird.

Bezeichnend ist dabei, dass der englische Begriff *anthem* vom Griechischen *anti* (gegen) und *phoné* (Laut, Stimme) abgeleitet ist, er meinte ursprünglich einen wechselseitigen Gesang zweier Chöre, die einander antworten. Der antiphonische Gesang ist Teil der jüdischen und christlichen Liturgie und der religiösen Musik der Antike. Sogenannte Antiphonien bezeichnen bis heute den Wechselgesang zwischen Priester und Gemeinde oder zwischen zwei Abteilungen des Chors in der katholischen Messe. Der Songtitel »Anthem« hat also auch eine religiöse Wortbedeutung. So wiederholen die berühmten Zeilen »there's a crack, a crack in everything / That's how the light get's in« den Satz »Es werde Licht«, mit dem Gott die prinzipielle Unterscheidung von Licht und Dunkelheit trifft und damit den Grund dafür legt, dass überhaupt etwas da ist. Der »crack« ist dabei die Stimme, die Stimme des Schöpfers und die Stimme des Sängers. Gott und Sänger füllen das ursprüngliche Nichts mit etwas, schaffen damit aber auch die Bedingung für das Imperfekte und Fehlerhafte. Cohens Stimme – wir haben sie in diesem Buch schon ausführlich als nicht perfekt, fehlerhaft und unmelodiös beschrieben – kann paradigmatisch für den »crack« stehen, durch den sich die Kunst als Ausloten menschlicher Möglichkeiten paradoxerweise erst entfalten kann. Kreativität erscheint als Moment der Hoffnung auf bessere Zustände oder zumindest auf eine Art individuellen *peace of mind*.

Wenn »The Future« die kollektive Beunruhigung und die Katastrophe ausmalt, atmet »Anthem« die individuelle Ruhe des Geistes und die Möglichkeit des persönlichen Neubeginns. Dabei gibt es auch in »Anthem« apokalyptische und prophetische Motive, vor allem in der vierten Strophe, die ganz allgemein unmoralische Zustände in der Welt beklagt (»the killers in high places / Say their prayers out loud«) und in der sich der Sänger halb ironisch zum Richter stilisiert (»They're going to hear from me«). Doch der Refrain des Songs enthält weder eine prophetische Botschaft noch eine politische Spitze. Der Text ist vor allem mystisch motiviert, begibt sich also wie jede Mystik an einen Ort oder in einen Zustand spiritueller Konzentration auf das Dasein selbst. In diesem Zustand sollen die Welt und das Denken in einem harmonischen Gleichgewicht stehen.

Die Zeilen »there's a crack, a crack in everything / That's how the light get's in« erinnern an ein solches Gleichgewicht, an das »Hineinscheinen der Transzendenz ins Kreatürliche, ihre Bezogenheit aufeinander«, die der kabbalistischen Weltsicht gemäß Gershom Scholem ihren Sinn verleiht.[92] Die Kabbala geht davon aus, dass ›alles in allem‹ erscheint und dass ›alles auf alles‹ wirkt, beruht also auf grundlegenden mystischen Prinzipien. Cohen war offensichtlich lebenslang von mystischen Traditionen verschiedener Religionen fasziniert. Bereits für das Cover des Albums *New Skin for the Old Ceremony* (ein kabbalistischer Titel, wenn man die Neuformung von religiösen Ritualen wie Scholem als kabbalistische Praxis auffasst) wählt er 1974 beispielsweise einen mittelalterlichen Holzschnitt aus einem christlichen alchemistischen Traktat, der Sonne und Mond als Mann und Frau personifiziert in einer sexuellen Umarmung zeigt. Cohen ist das Bild vermutlich aus C. G. Jungs *Psychologie der Übertragung* vertraut. Wie Wolfson veranschaulicht, finden sich auf den folgenden Alben und in Büchern unzählige weitere Beispiele für solche Aneignungen und Interpretationen mystischer Motive.

Cohen denkt über die ältesten religiösen Fragen nach, die auch die Fragen der Mystik und der Kunst sind. Wie konnte Gott aus dem Nichts die Welt schaffen? Wie verbindet sich das transzendente Wesen Gottes mit dem Irdischen und Sterblichen? Eine kabbalistische Antwort auf diese Fragen ist das Konzept des Zimzum, das dem legendären Gelehrten Isaak Luria zugeschrieben wird. Luria lebte im 16. Jahrhundert in Galiläa. Da von ihm kaum Texte überliefert sind, wird Zimzum von Schülern und Philosophen seit 400 Jahren immer wieder neu interpretiert.

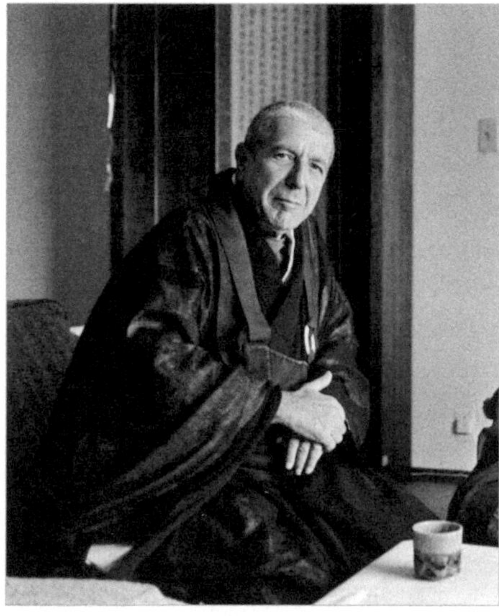

Cohen als Mönch im buddhistischen Mount Baldy Zen Center nördlich von Los Angeles

Der Judaist und Philosoph Christoph Schulte geht dieser Geschichte in einem Buch nach. Schulte beschreibt Zimzum als

> *die Selbstzusammenziehung Gottes vor der Erschaffung der Welt und mit dem Zweck der Weltschöpfung: Der vor der Schöpfung allgegenwärtige und unendliche Gott muß sich im Zimzum von sich selbst in sich selbst zurückziehen und begrenzen, um allererst für die Erschaffung der Welt in seiner eigenen Mitte Platz zu machen. Die Emanation und Erschaffung der Welt inmitten Gottes folgt dann auf diesen Zimzum. Dabei schränkt Gott im Zimzum auch seine Allmacht ein, so daß überhaupt Endliches entstehen kann. Ohne Zimzum keine Schöpfung.*[93]

Während dieser »Selbstzusammenziehung Gottes« fließt das Licht aus der oberen Welt Gottes (dem *Ejn Sof*, dem Unendlichen) durch die verschiedenen Ausformungen Gottes in die profane Welt. Beide Welten sind nicht getrennt zu denken, sondern erfüllt von der göttlichen Schöpfung.

Es ist nach Schulte kaum mehr zu bestimmen, was »der Zimzum eigentlich ist und wie er gemeint war, vorweltliche Realität oder Metapher des Ursprungs«.[94] Doch weil wir auf eigene Deutungen angewiesen sind und weil diese »Metapher des Ursprungs« keine begriffliche Entsprechung besitzt und also nach Schulte »durchaus das Zeug zur ›absoluten Metapher‹ hat«, überrascht es nicht, dass sie auch das Nachdenken über das Kreative und Kreativität in der Kunst bestimmt hat. Schulte diskutiert in seiner historischen Darstellung des Zimzum ebenso moderne und gegenwärtige Autorinnen und Künstler wie etwa den Maler Anselm Kiefer – Leonard Cohen fehlt jedoch. Diese Lücke ist umso schmerzlicher, weil Cohen sicherlich der weltweit populärste Vertreter des Zimzum des 20. und 21. Jahrhunderts ist. So gibt der Musiker zu Protokoll, dass die Zeile »there's a crack in everything / That's how the light get's in« eine der zentralen Aussagen seines Werks sei ja, dass sie fast ein Glaubensbekenntnis darstelle.[95] Das Credo ist das Gegenstück zum Pessimismus von »The Future« . Cohens Welt scheint nicht nur von einer Katastrophengeschichte bestimmt, sondern trotz der düsteren Perspektive auch als Ort der Hoffnung verfasst zu sein. Doch wie gestaltet sich das Verhältnis von Katastrophe und Hoffnung? Wie ist das Weiterleben, wie unsere Gesellschaft angesichts apokalyptischer Zukunftsaussichten zu gestalten?

Der britische Autor Harry Freedman, der »Anthem« ebenfalls auf seine religiösen, vor allem jüdischen Quellen abklopft, beschreibt eine Art Theodizee. Er weist darauf hin, dass für Cohen ein zentraler Vorgang im Kontext des Zimzum der sogenannte ›Bruch der Gefäße‹ sei, ein Konzept der lurianischen Kabbala. Der Lichtstrahl Gottes sollte von zehn Gefäßen aufgefangen werden, doch die sieben unteren Gefäße konnten die Fülle nicht aufnehmen und zerbrachen. Die Scherben und die Funken des göttlichen Lichts sind seitdem untrennbar verbunden, was die Unordnung der Welt symbolisiert, in der Sünde und Erlösungsmöglichkeit, Profanes und Heiliges untrennbar ineinander verschmolzen sind.[96]

In der jüdischen Mystik kann der göttliche Funke durch das alltägliche Befolgen der Gebote und das religionsgesetzlich adäquate Leben zum Glimmen gebracht werden. Durch das Einhalten der religiösen Gebote öffnen sich als Möglichkeit das Zusammenfügen der Gefäße und eine kosmische Heilung, die als Tikkun bekannt ist. Cohen teilt diese Perspektive auf die orthodoxe jüdische Praxis offensichtlich nicht. Vielmehr transformiert er sie als spirituelle Formen in die Sphäre der Popmusik. Diese Transformation zeigt sich beispielsweise auch im Song »Hallelujah« in der Wendung des »broken Hallelujah« oder in der Zeile »tangle of matter and ghost« in »The Window«. Der hymnenartige Song »Come Healing« auf *Old Ideas* (2012) beginnt mit der Zeile »O, gather up the brokenness« – was sehr verknappt als zentrale Botschaft der jüdischen Ethik zu verstehen ist. Prinzipiell geht es in Cohens Texten sehr oft um das rätselhafte Verhältnis von Alltag und Spiritualität, Körper und Geist, wobei neben Liebe,

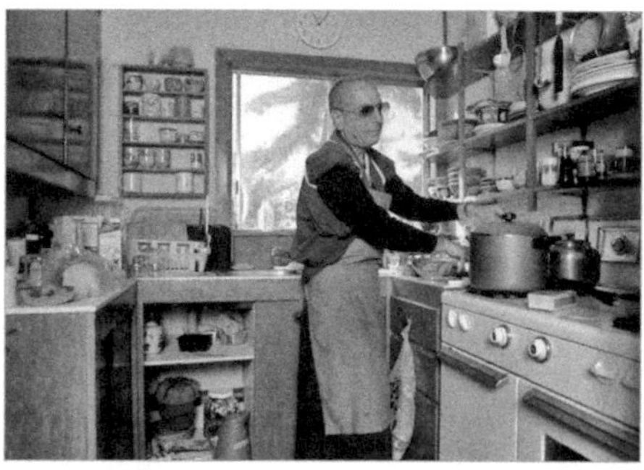

Cohen kocht Suppe für Joshu Sasaki, den Leiter des Zen-Klosters

Begehren, Hass oder Scham – Emotionen, die dieses Verhältnis begleiten – auch davon die Rede ist, sich völlig auszuliefern, etwas zu opfern, sei es für einen Gott oder die Kunst.

Auch »Anthem« spielt mit diesem Gedanken des Opfers. Cohen verwendet den Begriff des Opfers dort allgemein für die selbst zugeschriebene Aufgabe, ein perfektes Kunstwerk zu schaffen. Doch dieses Opfer kann oder muss eben nicht perfekt sein: »Forget your perfect offering«. Man kann diese Zeile als Einsicht in die allgemeine Fehlbarkeit menschlichen Handelns verstehen, ein Gedanke, der nicht weit weg von populären Überlegungen der Achtsamkeit und der Selbstsorge ist. Vor allem bei seinen späten Konzerten spielte Cohen immer mit dieser Alltagsmystik und inszenierte sich semi-ironisch als weisen Guru, der seinem Publikum Botschaften für ein besseres Leben mit auf den Weg gibt. Das ›perfekte Opfer‹ stellt die Obsession dar, seinen Selbstwert von einer selbst auferlegten perfekten Leistung oder einer Arbeit abzuleiten, wobei das Ziel sich dauernd verschiebt und der Zustand der Zufriedenheit sich möglicherweise nie einstellt. Ein solcher wäre erst mit der Einsicht in die Irrealität der Perfektion und dem Verzicht auf das Streben danach möglich (ein Zustand, den der Sänger etwa in »The Window« auf dem Album *Recent Songs*, 1979, herbeisehnt: »gentle this soul«).

Doch die Zeile »Forget your perfect offering« hat weitere Deutungsebenen, so verbindet sie sich mit Cohens theologisch-politischem Nachdenken über die Unmöglichkeit des Opfers im frühen Song »Story of Isaac«: In einem politischen Kontext stellt auch das größte Opfer immer eine Instrumentalisierung dar, mit der Machtpolitik oder die Verhältnisse legitimiert werden sollen. Der Zweck heiligt eben nie die Mittel. Es gibt *keinen* Zweck, der ein perfektes Opfer abverlangen könnte. Auf einer poetologischen Ebene wiederum könnte man auf den Song »A Singer must die« zurückkommen, in dem der Sänger seine Stimme zum Opfer bringt, eine Stimme, die fern jeglicher Perfektion ist, ihn aber gerade deshalb zum Singen befähigt. »Anthem« wäre dann die Erinnerung daran, dass es keinen perfekten Song gibt.

Insofern ist »Anthem« ein solcher perfekt-imperfekter Song – und hat damit auch eine versöhnende Kraft. Während in »The Future« der post-humanistische Sturm bläst, in der die Kälte einer metahistorischen

Perspektive und Allmachtsfantasien dominieren, wirbt »Anthem« um Menschenfreundlichkeit. Der Song steht im Zeichen einer alltäglichen und freundlichen Mystik, die durchaus wärmt. So spricht die erste Strophe über das Beginnen und Neu-Beginnen, also über den Trost. Der Sänger tröstet sich damit, jeden Tag von neuem singen zu können, und nicht der Vergangenheit nachzutrauern, aber auch nicht über die Ungewissheit der Zukunft zu verzweifeln. Es sind die Vogelstimmen, die ihn an diese alte Weisheit erinnern.

*The birds they sang*
*At the break of day*
*Start again*
*I heard them say*
*Don't dwell on what has passed away*
*Or what is yet to be*

Freedman macht darauf aufmerksam, dass es gemäß jüdischer (und islamischer) Tradition von König Salomo heißt, dieser habe die Sprache der Vögel verstanden.[97] Dieselbe Tradition besagt auch, Salomo sei der Autor des biblischen Buchs Kohelet. Darin findet man die Aufforderung, auf seine Worte achtzugeben, denn »die Vögel des Himmels führen die Stimme fort«, das heißt, sie können Nachrichten weitergeben. Vögel vermitteln Botschaften und stellen in einer seherischen Tradition auch selbst Zeichen dar. Von Zeichen ist in der zweiten Strophe von »Anthem« die Rede, Zeichen, die alle sehen können: »We asked for signs / the signs were sent«. Der Verweis auf die Vogelstimmen weist in »Anthem« auf die Vermittlung von Trost und Versöhnung. Dabei beinhaltet der Trost von »Anthem« psychologische und religionsgeschichtliche Dimensionen, es ist jedoch grundsätzlich der Song selbst – im Singen und Hören –, der das eigentlich tröstliche Moment darstellt.

Trost und Versöhnung lassen sich zunächst in einem persönlich-psychologischen Sinn verstehen, denn Cohen ist immer auch ein großer Aphoristiker. So ist es eine Taube, die Noah in der Genesis das Ende der Sintflut anzeigt. Auch Cohens »Anthem« wird von Tauben bevölkert: »The holy dove she will be caught again [...] / the dove is never free«. Einerseits erinnert diese Zeile an das berühmte »Like a bird on the wire […] I have tried in my way to be free«. Wie in diesem frühen Song stehen auch in »Anthem« die Vögel für die individuelle Freiheit beziehungsweise die (aussichtslose) Suche danach. Andererseits führt »Anthem« eine kollektive, religiöse Ebene ein. Wie Freedman schreibt, fungiert die Taube in der Geschichte von Noah (so wie in den neutestamentlichen Evangelien) als göttlicher Bote, ein Instrument der Rettung oder Erlösung.[98] Bei Cohen gibt es diese umfassende, religiöse Rettung nicht. Die Vogelstimmen rufen am Morgen den Augenblick des Neubeginns inmitten einer prekären, fehlerhaften Existenz aus. Der Sänger von »Anthem« antwortet ihnen mit seiner individuellen Stimme, und zwar ganz gemäß der erwähnten Bedeutung des Songtitels »Anthem« als antiphonischem Wechselgesang zwischen Chor und Priester.

Im Song »Anthem« heißt der Priester Cohen – ein sehr verbreiteter jüdischer Name, aber auch ein spezieller. Denn der Name geht auf die Kohanim zurück, die Priester im Tempel in der Zeit vor dessen Zerstörung im Zuge der römischen Eroberung im Jahr 70. Liturgisch kommen einem Kohen im (orthodoxen) jüdischen Gottesdienst bis heute bestimmte Aufgaben zu. Dies ist Cohen immer bewusst, ja er spielt bei seinen Auftritten damit. Freedman verbindet diese Tatsache mit den Zeilen im Song »Anthem« – »Ring the bells that still can ring« – und erklärt, dass die Priester im Tempel glockenbehangene Gewänder getragen hätten. Seitdem Jerusalem durch die Römer zerstört wurde, sind diese Glocken der Hohepriester aber stumm. Im Zeitalter des Exils, so Freedman, läuteten die Glocken eben nicht mehr, und das perfekte Opfer könne nicht mehr dargebracht werden. Der Priester kann das perfekte Opfer nicht mehr ausführen, denn das Zeitalter der Perfektion würde erst mit dem Kommen des Messias wieder eingeläutet.[99] So setzen sich die Zeilen aus »Anthem« zur einem Canto der Humanität über die Unmöglichkeit der Perfektion zusammen.

*Ring the bells that still can ring*
*Forget your perfect offering*
*There is a crack, a crack in everything*
*That's how the light gets in*

Auch eine christliche Deutung dieser Zeilen wäre nach Freedman möglich, denn in einem religiösen Sinn ist das ›perfekte Opfer‹ natürlich Jesus, der sich selbst für die Sünden der ganzen Menschheit Gott darbietet und so die Möglichkeit für Versöhnung und Erlösung in die Welt bringt. Doch obwohl Cohen immer wieder gerne christologische Motive verwendet, ist eine solche kollektive Form der Transzendenz in seiner Welt schwer vorstellbar. Das perfekte Opfer ist uns abhandengekommen, nur noch die Vorstellung davon spukt in unseren Köpfen als eine quälende Leerstelle herum.

Cohens Trost verspricht in dieser Situation weder metaphysische Erlösung noch eine maximale Belohnung. Er liegt in der Erinnerung daran, dass es immer weitergeht, auch wenn vieles – oder sogar alles – gerade furchtbar schiefläuft. Die Vögel singen jeden Morgen, und die Stimme des Sängers antwortet ihnen. Die Stimme Cohens hat in »Anthem« aufgehört, eine prophetische oder gar priesterliche Stimme zu sein. Cohen kreiert die tröstliche Möglichkeit zur Konzentration auf das Wesentliche unseres Daseins, indem er immer wieder aufs Neue mit dem Gesang des Refrains beginnt, und zwar mit einer Stimme, die anstelle von Transzendenzsignalen eine reine Gegenwärtigkeit artikuliert.

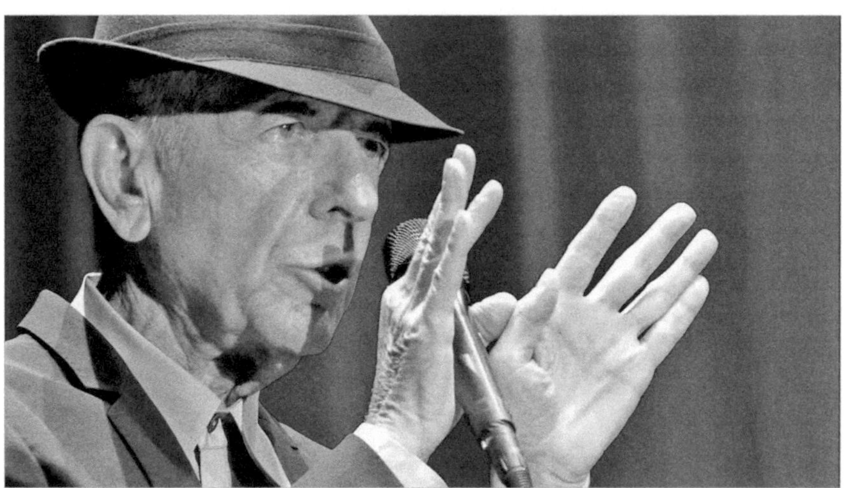

Am Schluss des Konzerts 2009 in Israel spricht Cohen den Priestersegen (Birkat Kohanim)

# DIE STERBENDE STIMME. NICHT AUFHÖREN ZU SINGEN

Leonard Cohens umjubelte Konzerte der 2000er- und 2010er-Jahren gleichen Abschiedsmessen. Die späten Alben *Old Ideas* (2012), *Popular Problems* (2014) und *You Want It Darker* (2016) enthalten Songs, deren Lyrics eindeutig den Tod des Sängers zum Thema haben, und zwar das Sterben als Heimgehen oder als Übergang in eine andere Art des Seins. Das posthume Album *Thanks for the Dance* (2019) trägt als Titel eine Metapher, die einerseits konventionell ist – das Leben ist ein Tanz –, andererseits tief in das Werk Cohens zurückverweist. So klingt der Titel »Dance Me to the End of Love« an, den Cohen bereits 1984 für das Album *Various Positions* aufgenommen hat. Die Inszenierung des eigenen Sterbens ist für die Kunst immer attraktiv, weil sie eine Ästhetik des Nachlebens schafft, eine Stimme, die dem Tod ein Schnippchen schlägt und einfach weitersingt.

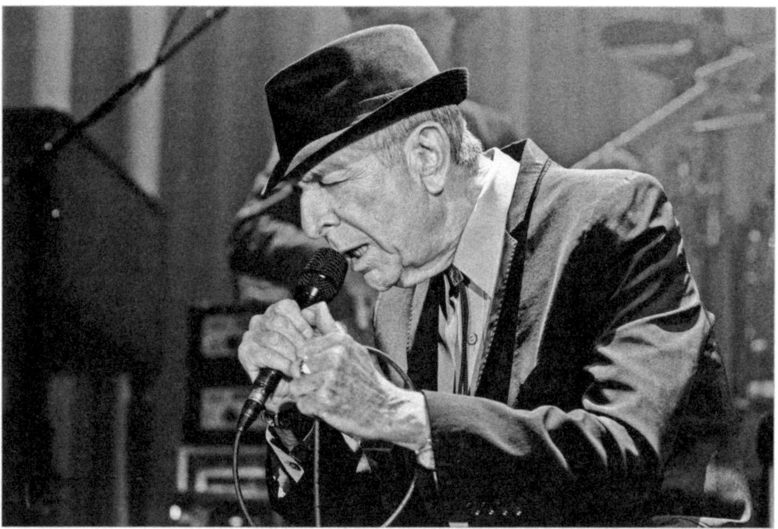

The Show must go on: Cohen bei einem seiner späten Auftritte 2013 in Manchester

Die Literaturgeschichte ist voll von sterbenden Dichtern, die sich für die posthume Zeit in ihren Texten als Gespenster inszenieren. Beispielsweise beschreibt der über Jahre an einer tödlichen Krankheit leidende Dichter Heinrich Heine seine Heimstätte in unzähligen Gedichten und anderen Texten als »Matratzengruft« und sich selbst als Lazarus, als einen Untoten oder eine ›Stimme‹, die über den Tod hinaus Bestand hat und deshalb auch die Unsterblichkeit der Kunst zu garantieren scheint. In einem der letzten Gedichte Else Lasker-Schülers heißt es: »Ich habe meines Lebens Schlussakkord vollbracht – / Bin still verschieden«.[100] Doch zum Zeitpunkt des Schreibens lebt die Dichterin natürlich noch, nur der Text gestaltet sich so, als würde er bereits aus dem Jenseits sprechen.

Auch die Popmusik kennt solche Inszenierungen des unendlichen Sterbens und Auferstehens. David Bowies fast zehnminütiger Song »Blackstar« zum Beispiel – das gleichnamige Album von 2016 erscheint zwei Tage vor Bowies Tod und nur einige Monate, bevor auch Cohen stirbt – ist eine kryptische Meditation über Vergänglichkeit und Ewigkeit, die mit dem Bild des sich verdunkelnden Sterns eine ähnliche Licht-Metaphorik bedient wie Cohens Albumtitel *You Want It Darker*. Sogar dem Stern begegnen wir in Cohens Abschiedslyrik. In »Traveling Light« heißt es: »I'm traveling light / It's au revoir / My once so bright / My fallen star«.

Der kanadische Literaturwissenschaftler und Cohen-Biograf Ira Nadel hat in einem Aufsatz das Spätwerk von David Bowie, Lou Reed und Cohen verglichen. Anhand dieser drei kurz vor ihrem Tod erstaunlich vitalen und produktiven Künstler konturiert Nadel die »lateness«, also eine Art Spätstil. Dieser zeichne sich einerseits durch die Entschlossenheit aus, abzuschließen, andererseits aber gerade durch eine Offenheit, die durch die Zeitlosigkeit der Todesgewissheit zustande kommt. So habe diese Gewissheit des nahen Endes bei allen drei Popstars unerwartete Experimente in Gang gesetzt. Im Fall Cohens ist ein solches ästhetisches Experiment zum Beispiel der vieldiskutierte Einsatz des Synagogenchors im Song »You Want It Darker«.[101]

Seit den 1970er-Jahren begleitet Cohen das Klischee, seine Musik sei dazu gemacht, sich die Pulsadern aufzuschneiden. Es ist wohl kein

Zufall, dass Kurt Cobain – der sich wenig später bekanntlich mit einem Gewehr in den Kopf schoss – in einer Zeile des Nirvana-Songs »Pennyroyal Tea« (1993) den sarkastischen Wunsch äußert: »Give me a Leonard Cohen afterworld / So I can sigh eternally«. Cohen selbst hatte lange mit ernsthaften Depressionen zu kämpfen. In zahlreichen Interviews zieht er eine Verbindungslinie von seinen psychischen Krisen zur Produktion seiner Songs, die er der Depression abgerungen hätte. Dazu kamen krasses Lampenfieber und nagende Selbstzweifel. Erst die Überwindung einer unerwarteten finanziellen Krise, ausgelöst durch die Veruntreuung seines Vermögens durch seine enge Vertraute, Managerin und kurzzeitige Geliebte Kelley Lynch in den 2000er-Jahren, öffnet einen Raum für eine fast schwerelos wirkende Altersperformance ab 2008. Cohen beschreibt sich in dieser Zeit öfter als glücklich und vollkommen im Einklang mit sich selbst. Es ist hier nicht das Ziel, Cohens Spiritualität als eine Art »manual for living with defeat« zu entschlüsseln – also einer Anleitung zum Leben mit dem Scheitern, wie es in »Going Home« heißt –, denn Leonard Cohen kann man ohnehin nicht imitieren. Auch kann der Sänger und Autor Cohen wohl kaum als Vorbild im Umgang mit psychischen Erkrankungen angesehen werden. Wie bereits im vorhergehenden Kapitel anhand des Songs »Anthem« diskutiert wurde, bietet die späte Stimme Cohens dennoch Trost, ganz so, als würde sie um unsere dunklen Stunden wissen, die sie ins Nichts davonzutragen vermag. Das ewige Nachleben, das sich Cobain im Stil Leonard Cohens gewünscht hat, ist in dessen Spätwerk realisiert. Wir finden darin eine Stimme, die uns beim eigenen Nachdenken über das unvermeidliche Ende unseres Lebens begleiten und herausfordern kann. Denn die Popmusik fragt nicht nur nach der Inspiration, also wie man anfängt zu singen, sondern sie beschäftigt sich noch viel stärker mit der Frage, wie man damit aufhört – oder vielleicht besser: wie man *nicht* damit aufhört.

*

Ein Künstler, der sich selbst die ästhetische Vollkommenheit zum Ziel setzt und die Kunst als absolute Lebensaufgabe sieht, muss zwangsweise scheitern und vom Alltag und vom Zwang pragmatischer Entscheidungen enttäuscht werden. Diesen Prozess der Desillusionierung schildert der frühe Song »I Came So Far for Beauty«, der erste Track auf dem Album *Recent Songs* (1979). Mit sonorer, klagender Stimme singt Cohen dort: »I came so far for beauty / I left so much behind / My patience and my family / My masterpiece unsigned«. Beim Hören dieser außerordentlich pathetischen Eröffnungsstrophe verwundert immer wieder, wie die Emphase der absoluten »Schönheit« und des »Meisterwerks« in der zweiten und dritten Strophe in eine pointierte Selbstironie kippt. Der Sänger, der für den perfekten Song alles zurückgelassen und auf alles verzichtet haben soll, bezeichnet sich unter anderem als »hopeless voice«, als hoffnungslose Stimme, die für seinen vermeintlich heroischen Dienst nur von einer Geliebten – oder sogar von der Kunst selbst? – belohnt werden möchte. Dabei füllt Cohen in diesem Song auf ironische Weise sakrale Begriffe mit profanen Bedeutungen: »I practiced on my sainthood / I gave to one and all / But the rumours of my virtue / They moved her not at all«. Die Formulierungen sind umso witziger, wenn man bedenkt, dass Cohen bereits in den späten 1970er-Jahren Zen-Buddhismus praktizierte und tatsächlich an seiner ›Heiligkeit‹ arbeitete, wobei die ›Gerüchte seiner Tugend‹ eher spöttisch und ungläubig in der Öffentlichkeit zirkulierten.

Das Pathos der hoffnungslosen Stimme ist immer verbunden mit einem seltsamen Widerspruch: Der Sänger muss zwar sterben, aber seine Stimme lebt mithilfe von Aufnahmetechnologie, Schallplatten, digitaler Speicherung und Streaming für immer weiter. Dieser Gegensatz findet sich bereits in dem Song »A Singer Must Die« auf dem Album *New Skin for the Old Ceremony* (1974). In den Lyrics dieses Songs ist erstens die Rede von einer Grundspannung der Kunst, nämlich der Ambivalenz zwischen Narzissmus und Selbstvernichtung. Zweitens handelt der Song von der Medialität der Stimme, die in ihrer Rauheit und Unvollkommenheit gut hörbar hervortritt und so die ›Produziertheit‹ des Songs betont. Konventionelle Popsongs bieten oft wenig Widerstand und entsprechen darum dem modernen Mythos, wie ihn Roland Barthes in seinen Pionierarbeiten zur Popkultur der 1950er-Jahren beschreibt: »Man braucht nur noch zu genießen, ohne sich zu fragen, woher dieses schöne Objekt kommt. Oder vielmehr: es kann eigentlich immer nur schon dagewesen sein«.[102] Die Betonung der eigenen Produktion – des Hergestelltseins – zerstört diesen Mythos eines absoluten, in sich abgeschlossenen, unmittelbar wirkenden und quasi ›magischen‹ Kunstwerks. Ein Song wird wie Kunst im Allgemeinen nicht in Perfektion durch einen Akt der Eingebung geboren, sondern entsteht in einem mühseligen und arbeitsteiligen Produktionsprozess, der auch scheitern kann. Wie bereits festgehalten, hat Cohen gerade das Prozessuale dieser Arbeit und das potenzielle Scheitern, ja das latente Immer-schon-gescheitert-Sein des Songschreibens betont. In Interviews erzählt er davon, wie er von einem Song Dutzende von Strophen schreibt und über die Jahre an der Melodie arbeitet. Auch die Produktion von Alben mit unterschiedlichen Beteiligten nahm lange Zeit in Anspruch und unterlag verschiedenen technischen und finanziellen Bedingungen.

»A Singer Must Die« imaginiert für diesen quälenden und unabschließbaren Prozess eine Art Ende, nämlich die Selbstverurteilung des Sängers zum Tod. Cohen beschreibt eine Situation, die aus dem absurd-juristischen Setting einer Erzählung Franz Kafkas stammen könnte. Wir befinden uns in einem Gerichtssaal, vor uns ein Richter und Zeugen. Einen Verteidiger gibt es nicht, und als Ankläger tritt der Angeklagte selbst auf: der Sänger. Dieser gibt freudig zu, einen rätselhaften, ungenannten Verrat begangen zu haben. Auch will er seine Verbrechen gestehen und um Gnade bitten, die er selbst bereits als abgelehnt betrachtet. Der Richter habe keine andere Wahl, als das Urteil zu fällen: Ein Sänger muss sterben wegen der Lüge in seiner Stimme. Dabei bezichtigt sich der Sänger selbst, diese Lüge stünde im Gegensatz zu den Wächtern der Wahrheit und Schönheit, er sei also künstlerisch gescheitert und dieses Scheitern seine eigene Schuld, ja seine Schuld manifestiere sich gerade im Scheitern.

Diese Erzählung wird gesanglich parallelisiert. Denn die Zeile »A singer must die for the lie in his voice« singt Cohen in der Studio-Aufnahme mit leiser werdender, nach unten absinkender Stimme, einer Stimme, die sich zurücknimmt. Später entschuldigt sich der Sänger paradoxerweise dafür, dass seine Stimme die Luft verschmutze (»I'm sorry for smudging the air with my song«). Die Lüge ist die Stimme selbst, sie bezeichnet den depressiven, selbstverneinenden Pol, während die Cohens Werk ebenso prägende Idee einer goldenen oder begnadeten Stimme den manischen, narzisstischen Pol einnimmt. Dieser Pol der mythischen Stimme manifestiert sich im unmittelbar folgenden, langgezogenen und fast triumphalen »Lalalaaa«. Dieses geschmetterte Singen konterkariert die Aussage des Sängers, mit dem Lied gewissermaßen akustische Luftverschmutzung zu begehen. Denn hier wird emphatisch gesungen, nicht bloß gemurmelt, deklamiert oder geröchelt, wie das sonst bei Cohen der Fall ist. Dazu kommt eine kurz aufbrandende Streicherbegleitung, die als Markierung von Musikalität fungiert. Die Musik und das Melodiöse bilden in diesem Moment ein Gegengewicht zur prosaischen Welt der Reflexion, des vernichtenden und selbstvernichtenden Urteils.

»A singer must die for the lie in his voice«. Man kann diese Zeile als Beschreibung des Gesangs lesen: In der Performance tritt der Künstler hinter seinem Medium (also dem Kunstwerk, dem Song) zurück, die Stimme übernimmt, ja der Sänger *ist* nun für sein Publikum seine Stimme, die sich im Song mit der Musik verbindet. Diese Verbindung verdeutlicht William Butler Yeats' berühmte Frage, mit der sein Gedicht »Among School Children« abschließt: »How can we know the dancer from the dance?« Wie können wir den Tanz vom Tänzer unterscheiden? Es ist die Illusion einer Einheit des Kunstwerks, eines organischen Songs, die wir in der mythischen Idee eines unmittelbaren Kunstwerks wahrzunehmen meinen. Auch wenn diese Wahrnehmung immer produziert ist, also medial vermittelt und mit Anstrengung und technischen Hilfsmitteln erarbeitet wird, bildet sie das auratische Moment des Songs und ermöglicht erst das berührende Hörerlebnis. Ohne die Möglichkeit eines solchen Berührens ist jeder Popsong sinnlos beziehungsweise hört einfach auf, ein Popsong zu sein.

Die Veränderung von Cohens Klangfärbung im Lauf der Zeit, sein Husten, Knistern und Raspeln irritiert diese unauflösbar scheinende Verbindung von Sänger und Song und weist auf sein Medium hin: die Stimme. Francis Mus erklärt in einem Buch über Cohen eine zentrale Dynamik: Die Stimme habe zwar Anteil am Eindruck des perfekten Songs, sie vermöge also den Eindruck zu erwecken, dass der Sänger *ganz* in seiner Stimme aufgeht.[103] Doch der knisternde *Sound* dieser Stimme – Barthes würde es die »Rauheit« nennen – irritiere die Performance auch immer wieder. So sei Cohens Stimme Jahr für Jahr tiefer geworden, bis sie mehr der Stimme eines Rezitators als der eines Folksängers glich. Weil diese Evolution von Cohens Stimme darauf aufmerksam macht, dass es da überhaupt eine physische Stimme als Medium gibt, sei sie der Beweis eines gelebten Lebens, eines Künstlers aus Fleisch und Blut, der hinter seinem Song steht. Cohens Stimme ist keine virtuose oder ›ganze‹ Stimme, die mit der Musik verwoben ist, sondern in ihrer Brüchigkeit immer *als* Stimme und damit in ihrer Medialität vernehmbar.

Neben der Ambivalenz von Narzissmus und Selbstzurücknahme steht also die Ambivalenz von Perfektion/Ganzheit und Rauheit. Beide Ambivalenzen sind paradox. Der Sänger erwartet das unausweichliche Scheitern angesichts von Tod und Ewigkeit und äußert außerdem die Fantasie eines Nachlebens, das erfolgreiche Kunst ja ausmacht und das im Fall Cohens auch stattfindet. Die Stimme verkörpert die Sehnsucht nach ewiger, unvergänglicher und perfekter Schönheit, kann diese Sehnsucht allerdings selbst nie einlösen, was dem Sänger trotz all seines Pathos keine andere Wahl lässt, als sich ironisch zu distanzieren, die Materialität seiner Stimme und die Endlichkeit von Leben und allem Schönen immer wieder zu akzentuieren.

In diesem Kontext muss auch Jennifer Warnes' Adaption von »A Singer Must Die« auf ihrem Cohen-Cover-Album *Famous Blue Raincoat* von 1987 interessieren. Das Cover wurde als reiner A-Cappella-Song aufgenommen. Die musikalische Begleitung zu Warnes' Leadgesang wird von verschiedenen, chorisch ineinander verschlungenen weiblichen und männlichen Stimmen gebildet. Es ist hier schwierig zu bestimmen, wer »the singer« ist, von dem die Lyrics sprechen. Er oder sie ist aufgegangen in ein Netz aus sich überlagernden, durchdringenden, sich antwortenden und kontrastierenden Stimmen. Der Song ist vollkommen Stimme geworden beziehungsweise hat sich aufgelöst in anderen Stimmen. In diesem Sinn sind die Ambivalenzen und die schmerzhaften Spannungen, die Cohens Songs hörbar machen, in Warnes' Version geglättet oder sogar aufgehoben und zu einem normalen Popsong geworden.

*

Für Cohen stellt die Geschichte der populären Musik eine ebenso wichtige Quelle wie die der Religion oder der Literatur dar. So hat der Titel »Going Home«, veröffentlicht als erster Track auf dem Album *Old Ideas* (2012), eine Entsprechung in Hank Williams' Lied »I'm Going Home«, einem religiösen Country-Song. Cohen betrachtete Williams als einen der wichtigsten Song-Schreiber der Musikgeschichte, er bewunderte ihn außerdem für seine Stimme, wie er in einem TV-Interview bekundete. In Williams' Song hören wir einem Reisenden auf der Straße des Lebens zu (»I travel down life's road«), wie er über das Ankommen sinniert:

*When my work here is o'er*
*And trials come no more*
*On that I'm going home*
*To live forever more, just o'er on heaven's shore*
*When my life here is o'er I'm going home*

Auch Hank Williams singt wie Cohen in »A Singer Must Die« von Verhandlungen oder Prozessen (»trials«), vor allem aber von diesem großartigen Tag, an dem alles vorbei sein wird. Es ist explizit eine christliche Vision, später ist vom Erlöser und von Jesus die Rede. Das Sterben bezeichnet Williams als Eingehen in eine bessere Welt und als Heimkommen. Vielleicht bewegt sich der Sänger von »I'm Going Home« sogar in der Nachfolge Christi, und seine Verhandlungen sind eine Art Prozess, in dessen Verlauf er wie Jesus verurteilt, aber auch in das ewige Leben überführt wird.

Eine solche Imitatio Christi finden wir in Cohens »Going Home« exponentiell gesteigert. Zwar enthält auch Williams' Song eine beträchtliche elegische Melancholie, doch singt er allein, begleitet nur von seiner Gitarre, wobei der Country-Beat eine beschwingte Anmutung aufrechterhält. Cohens Song dagegen beginnt pastös gepudert mit Streichern und einem Chor aus weiblichen Stimmen. Als Mitproduzent ist hier der Einfluss des Komponisten Patrick Leonard nicht zu unterschätzen, der den Sound der späten Cohen-Alben stark geprägt hat.

Cohens Stimme ist mit Hall hinterlegt und klingt so ernst, düster und sonor wie nie zuvor. Auch die Lyrics tragen dick auf: Es ist Gott selbst, der mit »Leonard« sprechen möchte und ihn anruft. Cohens Selbstironie kann den Eindruck des Schwermütigen und Schwergewichtigen, der sich unmittelbar einstellt, nicht verhindern:

*I love to speak with Leonard*
*He's a sportsman and a shepherd*
*He's a lazy bastard*
*Living in a suit*

Wir haben es also mit einem ebenso eleganten wie eigensinnigen und widerständigen Propheten zu tun, der hier über eine Art Sphärentelefon berufen wird. Dieser Weise, ein »man of vision«, habe keine Wahl, als das zu wiederzugeben, was Gott ihm sage. »He just doesn't have the freedom / to refuse«. Cohen ruft hier wiederum das Motiv der Inspiration auf, das sich durch sein Werk zieht: Gott selbst beauftragt ihn, bestimmte Worte zu singen. Es steht überhaupt nicht zur Debatte, etwa *nicht* zu singen. Dabei ist der Sänger nur eine Art Medium.

Man könnte den Song wiederum als autofiktionale Erzählung bezeichnen. Diese Erzählung schildert die vermeintliche Berufung des Sängers, aber auch seinen Kampf mit widerstrebenden Wünschen. Darin befreit Gott – oder eine als Ich auftretende höhere Instanz – seinen Propheten Leonard von den selbst aufgebürdeten Pflichten des Künstlers. Es sei unnötig, ein Liebeslied zu schreiben, eine Hymne auf die Vergebung oder eine Anleitung für das Leben zu entwerfen. Die Lektion aus »Anthem« wurde gelernt: Es gibt kein perfektes ›Opfer‹, was bedeutet, dass eine solche Idee nur eine Obsession ist, um ein nie erreichbares Selbstbild zu stützen, wobei sich so etwas wie vollendetes Glück oder Gelassenheit unmöglich einstellen kann. Die eigentliche Aufgabe sei nicht die Kunst, sondern ihr Ende, die gelassene Einübung in das Sterben. Diese spirituelle Botschaft wiederholt »Going Home« in refrainartigen Zeilen:

*Going home*
*Without my sorrow*
*Going home*
*Sometime tomorrow*
*Going home*
*To where it's better*
*Than before*

*Going home*
*Without my burden*
*Going home*
*Behind the curtain*
*Going home*
*Without the costume*
*That I wore*

Das Sterben ist eine Art ultimative Authentifizierung. Mit einer gängigen Showbusiness-Metaphorik beschreibt Cohen sein bevorstehendes Ende als Rückkehr hinter den Vorhang und als Abstreifen seines Kostüms. Cohen formuliert Todesmetaphern, die sich der Sphäre des Theaters und des Schauspiels bedienen, und während der Sänger selbst längst von der Bühne abgetreten und hinter dem Vorhang verschwunden ist, während er sich nackt ohne seinen Anzug zurückgezogen hat, singt seine Stimme weiter.

Wobei: Von einer Stimme ist nun vor allem am Ende des Songs auf der Aufnahme fast nichts mehr zu hören, es handelt sich um das trockene, tonlose Raunen eines Greises. Dieses Greisenhafte bewirkt die Eindringlichkeit von Cohens Spätwerk. Die sterbende Stimme erzeugt performativ ihre eigene Glaubwürdigkeit. Wir werden von dieser Stimme davon überzeugt, dass künstlerischer Ehrgeiz und weitreichende Visionen in den letzten Momenten an Gewicht verlieren zugunsten einer Einsicht in die wirkliche Wirklichkeit: Im Leben sind wir jeweils nur kostümiert unterwegs und spielen eine Rolle, erst im Sterben kehren wir zu unserem eigentlichen Wesen zurück. Eine solche Einsicht erinnert an buddhistische Konzeptionen, die das Verlangen und Streben nach materiellen Werten als Ursache von Leiden und Unglück verstehen. In der von Cohen besungenen Heimat hinter der Bühne hört denn auch jeglicher »Durst« auf. (Der zweite Song auf dem Album *Old Ideas*, »Amen«, beginnt mit den Zeilen »Tell me again, when I've been to the river / And I've taken the edge of my thirst«.) Der nahende Tod verbürgt also nur die Erfahrung des gestillten Durstes, die ›alte Idee‹, dass Gott von uns keine Meisterwerke oder großen Entwürfe verlangt und dass das Eigentliche des Lebens in etwas ganz anderem liegt, vielleicht einfach nur in dem Leben selbst, das nun zu Ende geht.

Auf dem Album *Old Ideas* demonstriert das ausgesprochen düstere »Show Me the Place« diese Hingebung an Gott ebenfalls, und auch hier versagt Cohens Stimme und wird tonlos. Dagegen klingt die Stimme Jennifer Warnes', die auf der Studioaufnahme von »Show Me the Place« noch einmal leise zu hören ist, wie ein fernes Echo der melodiösen Jugend. Diese Jugend ist zu den Zeiten von *Old Ideas* endgültig vorbei. Das Album endet mit dem Song »Different Sides«, der wiederum als Dialog mit einer Geliebten oder mit Gott verstanden werden kann. Eine Stelle des Textes kann als lakonisches Gegenstück zu »Going Home« zu verstehen sein: »Both of us say there are laws to obey / But frankly I don't like your tone«. Die Stimme Gottes hat einen Tonfall, der dem Sänger mit seiner Freiheitsliebe nicht besonders zusagt. Vielleicht ist das Abtreten eben doch nicht so einfach.

An dieses Hadern mit Gott und seinen vermeintlichen Gesetzen knüpft der Song »You Want It Darker« auf dem gleichnamigen Album an, das zwei Wochen vor Cohens Tod 2016 erscheint. Offensichtlich stellt »You Want It Darker« eine Adressierung oder Apostrophe an Gott dar, aber auch ein Hinabtauchen in die Untiefen der Geschichte. Die Zeile »A million candles burning for the love that never came« könnte eventuell auf die Shoah verweisen, die für Cohen in seinen Gedichtbänden und in den Songtexten einen zentralen Bezugspunkt darstellt. Thematisch spielt sie bereits in seinem Song »The Partisan« (auf *Songs from a Room*, 1969) eine Rolle; zudem ist der berühmte Song »Dance Me to the End of Love« auf dem Album *Various Positions* (1985) gemäß Cohens eigener Aussage von den Geschichten über Mitglieder der aus Deportierten zusammengesetzten Orchester der nationsalsozialistischen Todeslager angeregt. Auf dem gleichen Album erwähnt Cohen die Shoah im Song »The Captain«, wo ein angesprochener Kapitän seinem vermutlich jüdischen Nachfolger sarkastisch vorwirft, sich ständig zu beklagen (»If it's not the Crucifixion, then it's the Holocaust«). Im Spätwerk gibt es weitere Hinweise. So beginnt »Almost Like the Blues« (auf *Popular Problems*, 2014) mit der Wahrnehmung verschiedener Gräueltaten (»villages are burning«, »murder«, »rape«) durch den Sänger, der sich aber abwendet, weil er die Blicke der Opfer nicht erträgt. Doch die Realität holt denErzähler anhand der Biografie der eigenen Familie wieder ein: »My father says I'm chosen / My mother says I'm not / I listened to their story / Of the gypsies and the Jews / It was good, it wasn't boring / It was almost like the blues«.

Während Vater und Mutter jeweils von unterschiedlichen Identitätsvorstellungen auszugehen scheinen, erzählen sie *eine* Geschichte über die Opfer der Shoah: »their story / Of the gypsies and the Jews«. Doch auch die Erinnerung an den Holocaust hat bei Cohen keinen unmittelbaren politischen Sinn. Auch hier verwendet er als Stilmittel Sarkasmus, wenn er aus der Kinderperspektive die Erzählung über die Massenvernichtung als ›gut und nicht langweilig‹ charakterisiert. Bemerkenswert ist dabei der Reim von »Jews« und »Blues«, weil über die jüdische Identität wiederum ein Verweis auf die Geschichte der populären Musik stattfindet: Die Traumata der jüdischen Erfahrung werden mit der afroamerikanischen Gewaltgeschichte überblendet. Zudem weist der Refrain »Almost like the Blues« natürlich auf den musikalischen Charakter des Songs selbst hin.

Diese vieldeutigen Bezüge auf seine Biografie und die jüdische Erfahrung führt Cohen bis zu seinem Tod weiter. Das Album *You Want it Darker* erscheint an Cohens zweiundachtzigstem Geburtstag am 21. September, nur einige Wochen vor seinem Tod am 7. November 2016. In der unmittelbaren Rezeption hat es vor allem für Furore gesorgt, weil es als eine Art Testament verstanden wurde, in dem der todkranke Weltstar sich auf die jüdische Tradition seiner Kindheit zurückbezieht. Es gab kaum eine Medienmeldung oder Rezension, die nicht erwähnte, dass der Titelsong »You Want it Darker« den Gesang des Männerchors der Synagoge Shaar Hashomayim aus Montreal enthält, zudem hört man auf dem Album die Stimme von Kantor Gideon Zelermyer. Dies ist in Cohens Werk singulär. Es ist in dieser Hinsicht bezeichnend, dass Cohens Spätwerk nicht nur kommerziell als Popmusik erfolgreich war, sondern auch eine euphorische jüdische Rezeption erfahren hat und bestimmte Songs wie beispielsweise »Come Healing« heute im amerikanischen Reformjudentum sogar für den synagogalen Gebrauch eingesetzt werden. Diese religiöse Dimension ist in vielen von Cohens Songs angelegt, im Spätwerk aber noch deutlicher konturiert.

Mit »You Want it Darker« gibt Cohen der religiösen Tradition und ihren liturgischen Formen so viel Raum, wie er es seit dem auf der Jom-Kippur-Liturgie basierenden Song »Who by Fire« nicht mehr getan hatte. Gegenüber der »hopeless voice« aus dem Song »A Singer Must Die« artikuliert die Altersstimme sehr traditionell und auf Hebräisch eine Art Hoffnung auf Gott.

*Hineini, hineini*
*I'm ready, my Lord*

Der Refrain verweist auf die fünf Bücher Mose, wo der Ausdruck »Hineini« für »Hier bin ich« einige Male benutzt wird. Wie schon erwähnt, antwortet Moses auf diese Weise auf die Stimme aus dem brennenden Dornbusch. Außerdem antwortet Joseph mit diesem Wort Jakob, als dieser ihm aufgibt, zu seinen Brüdern zu gehen. In der Geschichte der Bindung Isaaks, die wir eingehend im Kapitel über den Song »Story of Isaac« diskutiert haben, sagt Abraham dreimal »Hineini«: Der Patriarch antwortet damit der Stimme Gottes, in das Land Moria zu reisen und seinen Sohn zu opfern, er antwortet seinem Sohn und schließlich auch dem Engel, der ihn von der Tötung abhält. In »You Want it Darker« ist der Ausruf Teil des Refrains, den Cohen ebenfalls dreimal wiederholt.

Cohens dreifacher Ruf ist neben den Bibelreferenzen und dem werkbiografischen Selbstzitat schließlich auch ein Ausdruck der Todesgewissheit des Sängers. Von Isaak hat er sich in einen Abraham verwandelt, vom rebellischen Sohn in den Vater, der – »betagt und lebenssatt«, wie es in Genesis 25 von Abraham heißt – als finalen Akt seines Werks sein eigenes Sterben performativ in Szene setzt und den Eingang in die Unsterblichkeit besingt.

In »You Want it Darker« senkt sich die Dämmerung über Cohens Werk. Zwar hören wir nicht die Stimme Gottes, die den Sänger zu sich ruft, aber wir vernehmen an deren Stelle die Stimmen des Chors. Mit diesem Synagogenchor beginnt die Studioaufnahme des Songs, danach setzen der Bass und eine Drumline ein, bevor sich Cohens düstere Altersstimme über den Soundteppich bewegt.

Wir hören Cohens Stimme im Wechselspiel mit dem Chor, auch dieser Song ist also eine Art Anthem. In den Coverversionen – Iggy Pop singt beispielsweise auf dem Cohen-Tribut-Album *Here It Is* (2022) im Jazz-Stil – fehlt der Chor, was dem Song einen vollkommen anderen Charakter verleiht. Denn die beiden Stimmpole gehen eine intime Verbindung ein. In Cohens Stimme erklingen die Vergänglichkeit und Hinfälligkeit des Körpers, seine Stimme ist tatsächlich dunkel geworden. Der chorische Sphärensound dagegen evoziert eine aufleuchtende Hoffnung auf etwas, das weiter- oder überlebt. Und es sind tatsächlich dieser Chor und der Kantor, die das Weitersingen für den sterbenden Sänger übernehmen, ja es vielleicht sogar ermöglichen, dass dieser seine Stimme noch einmal aufnehmen kann, in dem Wissen, damit nur noch posthume Wirkung zu entfalten.

Ein Chor ist ein Zusammenspiel vieler einzelner Stimmen, ein Einklang aus Vielen, deshalb steht er auch für das potenzielle Aufgehobensein des Individuums in der Gemeinschaft wie für die Angewiesenheit der Gemeinschaft auf jeden Einzelnen. Das Judentum ist als Religion nur für den Einzelnen undenkbar. Essenziell ist die Gemeinschaft, das Kollektiv, mit dem der Einzelne in einer wechselseitigen Beziehung verbunden ist. Dass das Judentum kein individuelles Bekenntnis darstellt und es immer um die Geschichte und die Traditionen einer überlebenden Gruppe geht, ist am Lebensende vielleicht von besonderer Bedeutung. Der Song hat deshalb das Potenzial – analog zu Cohens großen Hymnen »Bird on the Wire«, »Hallelujah«, »Come Healing« oder »Anthem« – auf eine sehr existenzielle Weise tröstlich und beunruhigend zugleich zu sein. Für den Einsatz des Chors in »You Want it Darker« gibt es also nicht nur ästhetische Gründe. Darin manifestiert sich noch einmal Cohens lebenslanges Bekenntnis zum Judentum, das er in einem sehr oft zitierten Interview aus dem Jahr 1974 untypisch direkt und politisch formuliert: »Ich habe nie die Tatsache versteckt, dass ich Jude bin, und bei jeder Krise in Israel würde ich dort sein. [...] Ich bin dem Überleben des jüdischen Volkes verpflichtet [...]. Es ist einfach ein ›Stammesgefühl‹ [a tribal feeling].«[104]

Dieses »Überleben des jüdischen Volkes« überragt das individuelle Leben des Sängers und wohl auch die Existenz des Staates Israel, den Cohen als Angelpunkt seiner jüdischen Identität benennt, obwohl er sich zeitlebens nie ungebrochen als Zionist verstand. Im Werk Cohens sind immer wieder jüdische Zugehörigkeitsbekenntnisse eingearbeitet, die allerdings immer mehrdeutig sind. Erinnert sei zunächst an die prominente Formulierung aus »The Future«: »I'm the little Jew who wrote the bible«. Wenn wir das Werk weiter durchgehen, finden wir auch in dem Song »By the Rivers Dark« (*Ten New Songs*, 2001) einen Sänger, der sich in zweideutiger Weise mit der jüdischen Tradition identifiziert. Der Text von »By the Rivers Dark« ist ein intertextuelles Spiel mit Psalm 137, dem zentralen Gedicht für das Nachdenken über das Exil in der jüdischen Geschichte, das auch für die zionistische Bewegung seit dem 19. Jahrhundert eine eminente Bedeutung als Erinnerungsanker besitzt. Aber im Werk Cohens wandelt sich der Psalmtext zu einer Rückschau auf ein Leben, das exzessiv in einem Außen geführt wurde und dabei ein inneres spirituelles Zentrum vernachlässigte. Wir hören einem Sänger zu, der an einer existenziellen Schwellensituation steht, dessen Leben im Augenblick des Songs vorbei zu sein scheint und dem nur die Erinnerung bleibt.

Im Psalm heißt es: »An den Strömen von Babel, da saßen wir und weinten, wenn wir Zions gedachten. [...] Wenn ich dich je vergesse, Jerusalem, dann soll mir die rechte Hand verdorren.« Cohen dagegen singt:

*By the rivers dark*
*I wandered on*
*I lived my life*
*In Babylon*

*And I did forget*
*My holy song*
*And I had no strength*
*In Babylon*

Zunächst scheint die Situation analog zu der des Psalmisten im Exil an den Flüssen Babylons zu sein. Cohens Lied stellt sich sogar als eine moderne Adaption dar. Doch in einer weiteren Strophe wird klar, dass es sich um eine Umkehrung handelt.

*Be the truth unsaid*
*And the blessing gone*
*If I forget*
*My Babylon*

Dieser genuin moderne Sänger erinnert an Babylon, den paradigmatischen Ort des jüdischen Exils, hier aber als Ort der Sehnsucht. Es sind die dunklen Flüsse, an denen der Sänger von »Suzanne« bis zu den posthumen Songs zu sich selbst kommt. Jerusalem oder Zion bleiben dagegen unerwähnt; sie existieren nicht einmal in der von Cohen beschworenen Topologie. Letztlich bleibt auch hier unklar, ob das Ich in diesem Song eine individuelle oder eine kollektive Entität darstellt, und ob der Song psychologisch oder theologisch-historisch zu verstehen ist. Vor der kitschig anmutenden Synthesizer-Klangkulisse und einem simplen Pop-Rhythmus erklingt Cohens Sprechgesang auch hier im Wechselspiel mit weiblichen Background-Stimmen. Der sich an sein Leben erinnernde Sänger erscheint als Priester einer kryptischen Privatreligion, die einerseits den theologischen Gehalt der jüdischen Diaspora dekontextualisiert, andererseits aber der Popkultur eine sakrale Dimension verleiht. Diese Sakralität besteht nicht nur in Bezug auf die religiösen Bedeutungsmuster des Textes, sondern vielleicht fast noch mehr darin, dass dieser Künstler aus einem Jenseits spricht, hinter dem das Leben längst zurückliegt, gelebt und vorbei ist sowie nur noch als Stoff eines elegischen Songs in Erscheinung tritt.

Verlorenheit und gleichzeitig Gottvertrauen charakterisieren die letzten Beschwörungen Cohens. In dem Song »Show Me the Place« (*Old Ideas*) präsentiert sich der Sänger als eine Art Jünger; oder eben als Abraham, der Gott darum bittet, ihm den Ort der Opferung zu zeigen, um sich – anders als im biblischen Text – selbst zu opfern und nicht seinen Sohn. »Show me the place, where you want your slave to go / Show me the place, I've forgotten, I don't know / Show me the place, where my head is bending / oh show me the place, where you want your slave to go«. Der vergessene – vielleicht nicht einmal physische oder geografische – Ort zeigt die Unsicherheit eines Ichs des Exils, das nicht mehr weiß, wohin es gehört, wohin es gehen muss. Der pathetische Schluss des Songtextes weist auf die messianisch-christologische Bedeutung dieses ›Ortes‹: »Show me the place, where the word became a man / Show me the place, where the suffering began«.

»Show me the Place« ist ein Song über unbedingte Sehnsucht, unbedingtes Verlangen nach Heimkehr und Hilfe – also nach einer Art privilegiertem Ort und einem Ende des Exils, eines Exils, das metaphorisch als Ende einer prekären und vereinzelten Existenz verstanden wird. Cohens spätes Werk geht damit weit über den jüdischen Aspekt und die zweifelsohne wichtigen traditionellen Quellen hinaus und wird zur universellen Topografie einer verborgenen Heimat, die überall sein könnte.

Wenn wir nun zum Song »You Want it Darker« zurückkehren, können wir festhalten, dass die liturgischen Bezüge an Wichtigkeit nicht verloren haben. Es scheint sogar, dass die Stimme des Sängers in das kollektive Über-Leben des mehrstimmigen Kollektivs eingeht. Der Refrain lautet:

*Magnified, sanctified*
*Be the holy name*
*Vilified, crucified*
*In the human frame*
*A million candles burning*
*For the help that never came*
*You want it darker*

Die ersten beiden Zeilen zitieren den Beginn des Kaddisch, das aramäisch verfasste Trauergebet, eigentlich eine Lobpreisung Gottes. Die dritte und vierte Zeile hingegen weisen Cohen-typisch auf das christliche Motiv der Kreuzigung hin, die jedoch – so die vierte und fünfte Zeile – nicht zur Erlösung führt, sondern in die Dunkelheit.

Diese Dunkelheit zeigt sich in den rätselhaften Lyrics bereits am Anfang des Songs. Biblische und zeitgenössische Sprache sind hier verflochten, sodass der Eindruck eines heiligen Textes entsteht, inmitten dessen der Sänger sich aber dieser Heiligkeit gerade nicht mehr zugehörig weiß.

*If you are the dealer, I'm out of the game*
*If you are the healer, it means I'm broken and lame*
*If thine is the glory, then mine must be the shame*
*You want it darker*
*We kill the flame*

Das Motiv der Gebrochenheit, das hier in der zweiten Zeile dieses Titeltracks erscheint, zieht sich durch das ganze Werk Cohens, von »Hallelujah« bis zu »Come Healing« auf dem Album *Old Ideas*.

Dieses Sprechen des todkranken Sängers mit Gott wiederholt sich in anderen Songs auf dem Album *You Want it Darker*, wobei sich die Ambivalenz von jüdischen und christlichen Motiven ebenfalls wiederholt. So hören wir auch im Song »It Seemed the Better Way« den Synagogenchor und Kantor Gideon Zelermyer. Die Lyrics lesen sich allerdings zunächst wie eine Konversation mit Jesus.

*Seemed the better way*
*When first I heard him speak*
*Now it's much too late*
*To turn the other cheek*

Die Strophe spielt auf die berühmte Formulierung aus der Bergpredigt im Matthäus-Evangelium an. Die Situation der »lateness« scheint jedoch das christliche Credo gerade zu verneinen. Dieses *schien* nur wie der bessere Weg: »Sounded like the truth / But it's not the truth today«.

Der Gott, den Cohen in »You Want it Darker« besingt, ist kein liebender Gott. Mit dem im Refrain mehrmals wiederholten Titelsatz wird ein Gott angesprochen, der es immer dunkler und noch dunkler will. Wir hören einem gleichgültig gewordenen Hiob zu, der nicht mehr beklagt oder sogar anklagt, sondern nur noch feststellt. Dieser Gott ist nicht nur nicht zu begreifen, sondern ungreifbar, unhörbar. Gott ist zu einem Gespenst geworden wie der Sänger selbst, der fast in jedem Song von *You Want it Darker* mit immer wieder neuen Metaphern sein Sterben beschreibt.

Der zweite Song des Albums, »Treaty«, wird von einem Piano eingeleitet. Ganz am Schluss des Albums wird er als letzter Track noch einmal mit einem langen Streicher-Intro und einer zusätzlichen Strophe unter dem Titel »String Reprise / Treaty« aufgenommen. »Treaty« beginnt mit augenfälligen neutestamentarischen Bildern, die auch hier – nicht ganz überraschend – wortwörtlich umgedreht werden.

*I've seen you change the water into wine*
*I've seen you change it back to water, too*
*I sit at your table every night*
*I try but I just don't get high with you*
*I wish there was a treaty we could sign*
*[...]*
*Between your love and mine*

Mit diesen Versen – einem uneingelösten Wunsch – hören sowohl »Treaty« als auch die Wiederaufnahme »String Reprise / Treaty« auf. Wenn es am Ende von Kafkas *Prozess* über den ermordeten (oder verurteilten) Protagonisten heißt, dass »es war, als sollte die Scham ihn überleben«, dann scheint es bei diesem Song so, als sollte das Verlangen den Sänger überleben. Ein uneinlösbares Verlangen nach Zusammenkunft, Gemeinschaft, Ganzheit oder Glück. Der Text des zweiten Tracks »String Reprise / Treaty«, mit der nicht nur das Album *You Want it Darker*, sondern auch Cohens Werk zu Lebzeiten abschließt, wird von Cohen nicht mehr zu einer Melodie gesungen, sondern gesprochen, rezitiert wie ein Gedicht. Der Sänger hat also aufgehört zu singen, er hat sein Werk beendet, aber wir hören seine Stimme immer noch, wie aus einer Zwischenzone von Leben und Tod:

*I wish there was a treaty we could sign*
*It's over now, the water and the wine*
*We were broken then but now we're borderline*
*And I wish there was a treaty, I wish there was a treaty between your love and mine*

Der mehrfach wiederholte Wunsch nach einem »Vertrag zwischen deiner und meiner Liebe« ist das offene Ende dieses Werks und von Cohens Stimme. Für diese Stimme scheint auch der Satz »We were broken then but now we're borderline« zu gelten. Es ist einer jener merkwürdig schlüssigen Cohen-Sätze, die kaum zu verstehen sind und die man dennoch versteht. Leonard Cohens Stimme ist immer eine gebrochene Stimme, sie erklingt von jenem »broken hill« aus, wie es metaphorisch bereits in »If It Be Your Will« 1984 heißt. Zuletzt, an der Grenze von Musik und Text, bewegt diese Stimme sich buchstäblich an der Grenze zum Verstummen und scheinbar über diese hinaus.

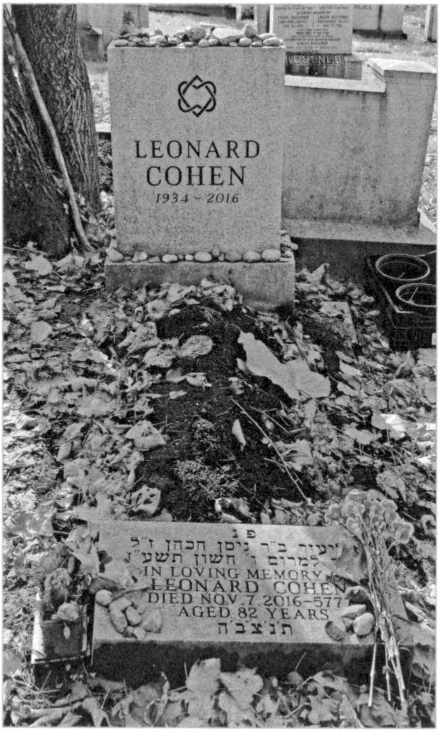

Cohens letzter Ruheort auf dem jüdischen Friedhof Shaar Hashomayim in Montreal

# DIE ÜBERSETZTE STIMME. COHEN-COVER

Leonard Cohens Songs haben ein Leben ohne seine und nach seiner Stimme. »Hallelujah« taucht regelmäßig auf Listen mit den meistgecoverten Songs aller Zeiten auf, aber auch das restliche Werk erfreut sich bei Cohens Kolleginnen und Kollegen großer Beliebtheit: Es gibt kaum eine namhafte Band oder eine namhafte Künstlerin, die keinen Cohen-Song gecovert hat. Diese Neuaufnahmen von den Pixies zu R.E.M., von Tori Amos zu Norah Jones belegen die Weite des musikalischen Spektrums, auf das Cohen Einfluss ausübte und anhaltend ausübt. Neun Songs möchte ich hier herausgreifen und beschreiben, um damit die Funktionsweise dieses Einflusses und der jeweiligen Rezeption besser zu verstehen. Dieses Kapitel stellt ein höchst subjektives Album von Cohen-Coversongs dar, in dem das Nachleben des Künstlers exemplarisch dargestellt wird. Zugleich lässt sich anhand dieser Songs auch die Frage stellen, was es heißt, ein fremdes Werk zu performen – und je nach Zugang unterscheidet sich die Antwort auf diese Frage beträchtlich: Wird ein Song *interpretiert* – stellt man also eine sekundäre Version her, die sich deutend auf eine primäre Version bezieht? Geht es um eine *Aneignung*? Oder ist es umgekehrt und man *leiht* oder *verleiht* einem Song seine eigene Stimme? Geht es gar um eine *Übersetzung* von einer Stimme in eine andere? Dies ist nicht nur im übertragenen Sinn gemeint, denn Cohens Lyrics wurden sehr häufig in anderen Sprachen gesungen, etwa auf Französisch, Polnisch, Hebräisch oder Italienisch, aber auch in verschiedenen Dialekten wie Kölsch (Wolfgang Niedecken und BAP coverten »First We Take Manhattan«) oder Walliserdeutsch (die Schweizer Mundart-Sängerin Sina coverte »Ain't No Cure for Love«). Noch einmal anders stellt sich die Frage, wenn rein instrumentale Coverversionen in Betracht gezogen werden, die also ganz auf eine Stimme verzichten beziehungsweise die das Medium der Stimme mit einem anderen Medium, der »Stimme« eines Musikinstruments ersetzen, wie etwa einer Gitarre (Beispiele sind »Joan of Arc« von Anna Calvi oder »Bird on the Wire« von Bill Frisell).

Cohen selbst spricht in Interviews über die vielen Coverversionen seiner Songs und die verschiedenen Tributalben, auf denen zum Teil weltberühmte Popstars und Künstlerinnen vereinigt sind. In einem Radiogespräch 1997 meint er, dass ihm einige solche Versionen anderer Künstlerinnen und Künstler besser gefallen würden als seine eigenen Takes, etwa Billy Joels Aufnahme von »Light as the Breeze«. Auf die erstaunte Bemerkung des Journalisten, dass Cohens Song so viel Ironie enthalte, von der in Joels Version nichts zu hören sei, entgegnet Cohen: »Yeah, na ja, ich besitze Ironie für beide von uns.«[105] Mit seiner doppelten und deshalb auch bodenlosen Ironie behält Cohen das letzte Wort. Dennoch werden wir sehen, dass Coverversionen oder Übersetzungen im Kontext der Popgeschichte Cohens Songs nicht nur transformieren und umdeuten, sondern auch näher zu sich selbst bringen können.

## Nina Simone, »Suzanne« (1969)

Eine Künstlerin, deren ironische Energie es mit Cohen aufnehmen kann, ist Nina Simone. Simone nimmt Cohens »Suzanne« bereits 1969 für ihr Album *To Love Somebody* auf, ein Album, das auch verschiedene Coverversionen von Bob Dylan oder Peter Seeger enthält. Die 1933 geborene Eunice Kathleen Waymon erlangt als Nina Simone Weltruhm als Jazzsängerin, gleichzeitig ist sie auch eine Ikone der Bürgerrechtsbewegung. Auch diese Künstlerin besitzt also eine vielgestaltige und vieldeutige ›Stimme‹, die nun in ein komplexes Verhältnis zu Cohens Song tritt und ihn spielerisch übernimmt. »Suzanne« ist ein Song, der ohne Coverversionen vielleicht gar nie bekannt geworden wäre, denn bevor Cohen selbst mit ihm auftrat, wurde er 1966 von einer Band namens The Stormy Clovers und im gleichen Jahr von Judy Collins performt.

Simone verwandelt Cohens mystische Geschichte in eine funkelnde Soulnummer, die nun wirklich »half crazy« klingt. Sie verleiht »Suzanne« Geschwindigkeit und Groove, ohne dass die charakteristische Melancholie des Songs verlorengeht. Simones Stimme ist nasal und lässig, an manchen Stellen hackt sie die Lyrics ab, sie fügt Cracks ein

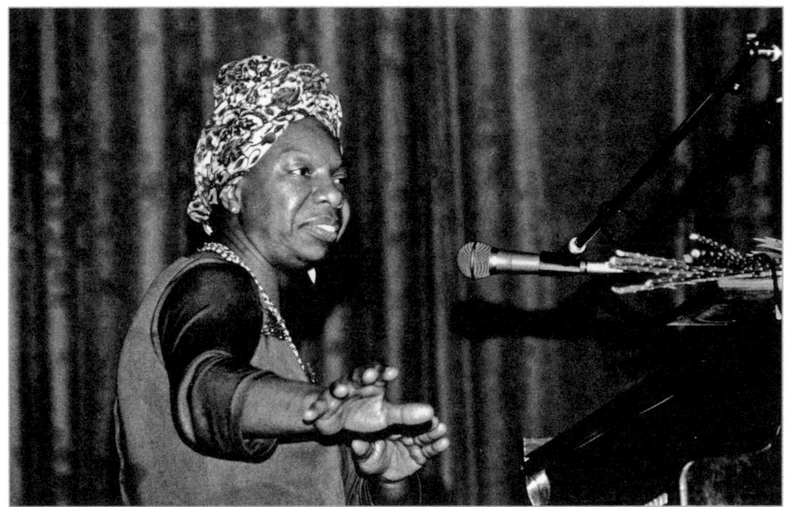

Nina Simone bei einem Konzert 1982 in Frankreich

und kippt jazztypisch für langgezogene Screams in die Kopfstimme, etwa nach der dritten Strophe im Refrain auf der Schlusssilbe beim Wort ›mind‹: »For you've touched her perfect body with your *mind*«. Dies ergibt gegenüber dem Original einen Effekt ironischer Distanzierung, denn was ist von diesem Geist/*mind* überhaupt zu erwarten als doch nur wieder Sex? Simone stattet »Suzanne« mit einer drängenden Physis und Präsenz aus, und dies nicht nur im übertragenen Sinn. In Cohens Song ist die Titelfigur ein vergeistigtes Wesen, eine imaginäre Frauengestalt an einem mythischen Fluss, die als Projektionsfläche dient (»While Suzanne holds the mirror«). In Simones Version dagegen *wird* die Sängerin für ihr Publikum zu diesem Spiegelbild, zu Suzanne selbst. Anstatt des Sängers, der ein Gespenst beschwört, hören wir nun Suzannes Stimme, die Stimme einer Persönlichkeit aus Fleisch und Blut. Diese feministische Um-Erzählung kommt allerdings nicht als theoretische Reflexion daher, sondern als eine packende Performance, durch die der Song sich selbst anders verstehen lernt. Er erzählt nicht mehr eine Geschichte über mythische Figuren, sondern wird selbst zu einem Mythos, aus dem die Sängerin entsteigt wie eine neue Göttin aus den Wellen des Beats.

»Avalanche« ist einer der hermetischsten Cohen-Songs. Die Lawine, in die der Sänger tritt, besteht aus metaphysischem oder psychischem Geröll. Es handelt sich um die Lawine der Depression – um einen Erdrutsch, der das Verstehen selbst schwierig macht (»Well, I stepped into an avalanche / It covered up my soul«).

Der Song handelt von einem Dialog zwischen einem Ich und einem Du, deren Rollen aber keineswegs deutlich abgegrenzt sind. Es werden verschiedene Perspektiven genannt, die dieses Ich und dieses Du aufeinander und sich selbst haben, auf ihr Äußeres und mentale oder innere Zustände, aber auch auf den Schmerz, den sie sich gegenseitig vorhalten. Eine bemerkenswerte Stelle des Songs handelt von gegenseitigen Verletzungen, die nicht aufgerechnet werden können, da der jeweilige Schmerz des anderen eine Art Schatten des eigenen darstellt: »Your pain is no credential here / It's just the shadow, shadow of my wound«. Die Wiederholung des Wortes »shadow« zeigt rhetorisch, was ein Schatten ist, nämlich eine Art von Verdoppelung oder Abbild. Der Song ist der erste Track auf Cohens drittem Studio-Album *Songs of Love and Hate* von 1971; so können wir diesem Dialog zwischen Ich und Du auch als einem zwischen Hass und Liebe folgen. Es ist aber ebenso ein Dialog zwischen Verstehen und Unverständnis, zwischen Psyche und Physis, zwischen dem inneren Ich und seinem Körper. In der letzten Zeile heißt es: »It is your flesh that I wear«.

»Avalanche« ist auch der erste Track auf dem Debütalbum *From Here to Eternity* von Nick Cave & The Bad Seeds, das 1984 erscheint. Der damals 27-jährige Nick Cave eignet sich Cohens Song an, um mit seiner neuen Band die Bühne zu betreten. Cohen begleitet den Song in seiner Version, für die frühen Alben typisch, mit der akkustischen Gitarre. Er rezitiert ihn sehr ruhig und gravitätisch. Nick Cave dagegen tritt als jener Bucklige (»hunchback«) auf, von dem im Song die Rede ist, er würgt die Wörter hervor, flüsternd, kehlig und gepresst wie ein Gnom oder ein dämonischer Impresario in einem infernalischen Zirkus unter Schlagzeugwirbel. Die Lawine kommt hier langsam, sie bildet eine unheimliche Bedrohung, die von Caves Stimme nur mühsam zurückgehalten wird wie ein lang verdrängter Schmerz. Cave jammert und ächzt, verfällt zum Teil in Brüllen und Schreien. Cohens Song ist zu einem Punk-Cabaret geworden, das uns zunächst vielleicht noch ratloser zurücklässt als das Original.

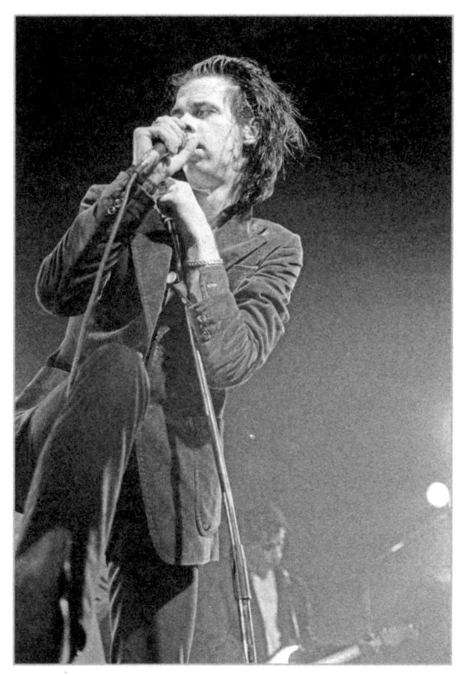
Nick Cave bei einem Auftritt im Jahr 1986

Doch Cave hat sich zur Bedeutung Cohens und »Avalanche« selbst geäußert. In einem Text in seinem Buch *The Sick Bag Song* (2015) beschreibt er den Effekt, den Cohens Werk auf ihn als Kind ausgeübt habe: »Leonard Cohen will sing, and the boy will suddenly breathe as if for the first time, and fall inside the laughing man's voice and hide.« Cohens Song ist also für Cave wortwörtlich ein Beatmungsgerät, eine *Inspiration*. Als solche ist sie aber auch ein metaphorisches Versteck, das immer wieder aufgesucht werden kann. So listet Cave »Avalanche« auf seiner Webseite theredhandfiles.com, wo er Fragen von Fans beantwortet und mit Fans aus aller Welt kommuniziert, als einen seiner zehn »hiding songs«. Diese Lieder, so beschreibt es Cave, schlössen die äußere Welt und das Sonnenlicht aus, sie schafften eine schützende Schattenzone vor dem zerstörerischen Außen. Zudem bildeten sie die essenziellen Säulen des eigenen künstlerischen Daseins.

Nicht überraschend also hat Cave von »Avalanche« noch eine zweite Version aufgenommen, mehr als dreißig Jahre nach *From Here to Eternity* für die TV-Serie *Black Sails* 2015. Diese zweite Version ist ein Ereignis. Cave singt sie als Ballade, begleitet von Piano und Streichern. Der Kontrast zu seiner ersten Version könnte nicht größer sein. Die Stimme wirkt klagend und feierlich, elastisch, stellenweise knisternd und porös, der Schmerz überträgt sich physisch auf das Publikum. Dabei ist keinerlei Aggression zu hören, der Sänger tritt als traumatisierte Figur auf, die zärtlich und verletzbar wirkt. Dabei scheint diese Stimme mit dem Song selbst zu sprechen, es ist der Song selbst, der als Dialogpartner dient, als Medium und Verkörperung des Sängers gleichzeitig: »You who wish to conquer pain / You must learn, learn to serve me well«.

## Concrete Blonde, »Everybody Knows« (1990)

Alle wissen: Betrogen zu werden tut weh. Es sind die Höllenqualen des Liebeskummers, die den Kern so vieler Popsongs bilden. Auch für Cohen sind die Blessuren auf dem Schlachtfeld der Erotik ein wichtiges Motiv. Dabei wissen alle, dass solche persönlichen Verletzungen nichts bedeuten angesichts des verrotteten Zustands der Welt. Oder ist der Liebesbetrug nur eine Metapher für allumfassende Korruption und Lüge? Der Sänger von »Everybody Knows« wirft einen scheinbar illusionslosen Blick auf die Tatsache, dass es kein richtiges Leben im falschen gibt, wobei die Wiederholung am Zeilenanfang diese Binsenweisheit noch unterstreicht: »Everybody knows the war is over / Everybody knows the good guys lost«.

Die Band Concrete Blonde steuert ihre Rock-Version von »Everybody Knows« für das Teenie-Drama *Pump up the Volume* von 1990 mit Christian Slater in der Hauptrolle bei. Geschrieben von Sharon Robinson und Cohen für das Album *I'm Your Man* (1988), liefert der Song den Soundtrack für den Trotz der Sitzengelassenen und Betrogenen, und zwar mittels sarkastischem Humor: »Everybody knows you've been discreet / But there were so many people you just had to meet / Without your clothes«. Cohens Stimme ist die Stimme eines Liebes- und Lebenserfahrenen, der dem Leiden am Betrug eine gewisse Freude abringt, und sei es nur die zynische Freude des alten Mannes zu wissen, wie der Hase läuft: »That's how it goes«. Bei Concrete-Blonde-Leadsängerin und Bassistin Johnette Napolitano klingt diese Abgeklärtheit rotzig und cool. Scheint die Sängerin uns zu Beginn des Songs stellenweise flüsternd, stellenweise mit einer grobkörnigen und kratzigen Stimme noch schmutzige Geheimnisse anzuvertrauen, wird sie gegen Schluss dramatischer, fast opernhaft, der Song öffnet sich zu einer großformatigen Ballade über die Widerstandskraft, die den Zynismus hinter sich lässt. Concrete Blonde holen aus Cohens Alterssarkasmus den Schmerz heraus. Begleitet vom halligen Schmelz der elektrischen Gitarre stimmt Napolitano eine lautstarke Klage über die Verhältnisse an. Ja, alle wissen, dass die Reichen reicher und die Armen ärmer werden. Aber auch wenn es alle wissen, muss es denn für immer so bleiben?

## Johnny Cash, »Bird on the Wire« (1994)

Gemäß der Webseite leonardcohenfiles.com wurde »Bird on the Wire« rund zweihundertmal gecovered. Johnny Cashs Version löst jedoch das Gefühl aus, der Songs habe schon immer zu diesem legendären Country-Star gehört, ja sei genau für ihn geschrieben worden. In der Originalaufnahme Cohens für dessen Album *Songs from a Room* (1969) klingt das Freiheitsverlangen nach einer elegischen Jugendfantasie: Cohens Stimme ist noch weich und elastisch, sehr viel höher als auf seinen folgenden Alben. Der Song ist für Cohens Verhältnisse üppig mit Keybord und Gitarre instrumentalisiert, das auffälligste Instrument ist allerdings die Maultrommel – auf Englisch interessanterweise Jew's harp genannt –, die eine spielerische und sphärische Stimmung kreiert. *Songs from a Room* wurde 1969 in Nashville von Bob Johnston produziert, der zuvor nicht nur mit Bob Dylan oder Simon & Garfunkel zusammengearbeitet hatte, sondern auch mit Johnny Cash.

Es hat also eine gewisse Logik, dass Cash für sein berühmtes, von Rick Rubin angeregtes und produziertes *American Recordings*-Album 1994 auf einen Cohen-Song zurückgreift, und es scheint fast zwingend, dass es diese Hymne an die Freiheit ist, die sein Comeback Mitte der 1990er-Jahre begleitet. Aber das eigentlich Bemerkenswerte von Cashs »Bird on the Wire« besteht darin, dass wir hier die Stimme eines alten Mannes hören, der auf sein Leben zurückblickt und melancholisch die verpassten Chancen und Fehler Revue passieren lässt, während Cohens Song, zumindest in der Aufnahme von 1969, die Artikulation einer Midlife-Crisis darstellt. Cohen war damals 35 Jahre alt. Cash dagegen transformiert den Song in einen berührenden Moment des Abschließens. Hoffnung auf Freiheit finden wir hier keine mehr, vielmehr die

Gewissheit, trotz aller Rückschläge zumindest noch einige Fünkchen Freiheit herausgeschlagen zu haben – ein »I did it my Way« für Nonkonformisten.

Cash verändert den Songtext an einigen Stellen. Anstatt »Like a worm on a hook« singt er in der ersten Strophe beispielsweise »Like a fish on a hook«. Der Wurm hat keine Wahl, er kann nie frei sein, weil er vom Fischer an den Haken gesteckt wird. Der Fisch aber geht sehend in die Falle, er wird getäuscht und um seine Belohnung gebracht, ist also ein tragischer Held. Zudem ersetzt Cash die beiden Cohen-typischen Figuren »beggar« und »pretty woman« mit »young man« beziehungsweise »young woman«, wodurch sich der Sänger implizit zur Figur des alten Mannes macht, den er mit seiner Performance darstellt. Ausschlaggebend für die rohe Kraft von Cashs Coverversion sind denn auch nicht die Variationen der Lyrics, vielmehr ist es die plastisch heraustretende Vorstellung des einsamen Sängers, nur von seiner Gitarre begleitet. Es ist eine ebenso präsente wie fragile Stimme. Wir hören das Schlucken, das Zittern des Tons und das melodramatische Vibrato in den Höhen, das eine ungeminderte Wut transportiert, unter der die Trauer nur flüchtig versteckt ist.

Cash trägt den Song noch karger und gleichzeitig pathetischer vor als Cohen selbst. In seinem »Bird on the Wire« scheint dieser Song zu sich selbst zu kommen, auch weil er die Lebensthemen Cashs versammelt: Untreue und Treue, die unstete Suche nach Erfüllung und Absturz, eine private Religiosität, deren Kern sich letztlich im Song manifestiert. So heißt es in der zweiten Strophe: »I swear by this song / And by all that I have done wrong / I will make it all up to thee«. Der Sänger gesteht seine Fehler ein, was die Aufrichtigkeit der Reue bezeugen soll. So ist es auch der Song selbst, der wie ein Schwur die Wahrheit des Gesungenen garantiert, indem er überhaupt gesungen wird.

## Elton John, »I'm Your Man« (1994)

»I'm Your Man« könnte ein perfektes Liebeslied sein, wenn nicht der Text eine existenzielle Obsession verraten würde, die weit über romantische Liebe hinausgeht. Bereits in der zweiten Zeile verrät der Sänger, auch mit einer ›anderen Art von Liebe‹ dienen zu können, und bald heißt es: »And I'd howl at your beauty like a dog in heat«. Dieses hündische Geheul ahmt Cohen in seiner Version von 1988 mit seinem verzweifelten »Please« nach, mit dem das Objekt der Begierde umgestimmt werden soll. Allerdings stellt sich unmittelbar die Frage, ob der Sänger dieses Songs nicht eher ein Stalker ist als ein Liebhaber.

In Elton Johns Version, enthalten auf dem 1994 erschienenen Tributalbum *Tower of Song. The Songs of Leonard Cohen*, ist von dieser gequälten Mischung aus Grandiosität und Masochismus kaum mehr etwas zu hören. Anstelle des fadenscheinigen Synthesizers und des Drumcomputers gibt es hier Schlagzeug und eine rockige E-Gitarre, die einen mainstream-tauglichen Funk-Sound erzeugen. Man kann darüber diskutieren, inwiefern Cohen als intellektueller Poet überhaupt ein Popstar ist. Doch Elton Johns Version von »I'm Your Man« macht diesen Song ohne Wenn und Aber zu einem Popsong.

Nachdem der Weltstar sich in den 1980er-Jahren einer Kehlkopfoperation unterziehen musste, um Polypen von den Stimmbändern zu entfernen, kämpfte Elton John selbst mit dramatischen Stimmveränderungen. Hier singt er Cohens Song mit einer rauen und teilweise wütend krächzenden Stimme als Rock-Ballade. Erhalten bleiben die weiblichen Begleitstimmen, die allerdings nicht ätherisch klingen wie in Cohens Studioversion, sondern eher nach 1970er-Soul. Cohens ambivalente, auch von latenter Trauer unterlegte Selbstanklage weicht einem ungefilterten, simplen Verlangen. Es ist ein Song, der in einer Sportsbar laufen könnte oder zu dem man nach einer Geburtstagsparty oder in einer Dorfdisco betrunken anfängt zu tanzen. Dass hier ein Leonard-Cohen-Song gespielt wird, daran würde kein Gedanke aufkommen.

## Madeleine Peyroux, »Dance Me to the End of Love« (2004)

Wir stehen an einer Bar, vor uns zwei leuchtende Drinks. Wir schauen uns in die Augen, die Liebe scheint möglich, ob für immer oder für eine Nacht spielt keine Rolle. Von einem solchen Moment erzählt uns Madeleine Peyroux mit ihrer Version von »Dance Me to the End of Love«.

Der Track eröffnet ihr zweites Album *Careless Love* von 2004, das ihren Ruhm begründet. Peyroux' Stimme ist gleichermaßen zärtlich wie elegant. Sie singt im Stil der großen Jazz-Vokalistinnen Billie Holiday oder Ella Fitzgerald, begleitet von Piano, Gitarre, Bass und Schlagzeug. Typisch für Cohen-Songs enthalten die Lyrics biblisch konnotierte Wörter wie »olive branch«, »dove« oder »Babylon« (alle in der ersten Strophe). Einige Zeilen sind kryptisch-poetisch (»Dance me through the curtains that our kisses have outworn«) oder implizieren eine Ambiguität von Erotik und Mystik, die ziemlich extravagant ist (»Touch me with your naked hand or touch me with your glove«). Doch gesungen von Peyroux' federleichter Stimme, fallen diese Irritationen kaum auf, sondern fügen sich natürlich zum Beat.

Cohen assoziierte diesen Song mit den Orchestern in den Nazi-Todeslagern. Musikerinnen und Musiker wurden gezwungen, während der Ermordung und Folterung anderer Häftlinge und für die Aufseher zu spielen, bevor sie selbst getötet wurden. Doch in einem Interview verneint er, dass man um diesen Hintergrund des Songs wissen muss, um ihn zu verstehen. Es gehe vielmehr um die Leidenschaftlichkeit des Lebens, einer zentralen Ressource. Cohen komponiert den Song in den 1980er-Jahren mit David Campbell, enthalten ist er auf dem 1984 erschienenen, von John Lissauer produzierten Album *Various Positions*. Musikalisch basiert er auf der Struktur griechischer Volksmusik und ist vielleicht einer der wenigen Cohen-Songs, zu dem man auch in der Originalversion tanzen könnte. In einem später von Cohen produzierten Video sehen wir verschiedene Paare, die zusammen Pirouetten drehen. Offenbar geht es um die Liebe als lebenslange, vereinigende Kraft. Diese Romantik nimmt Peyroux auf und übersetzt sie in einen Jazz-Standard. Der Song verliert dabei beträchtlich an Schmelz – abgespeckt werden zum Beispiel die Hintergrundsängerinnen mit ihrem »Lalala« –, gewinnt aber sehr überzeugend an Coolness und Gegenwärtigkeit. In einer ähnlichen Weise legte die Sängerin 2018 auch eine wundervoll leichte Version von »Anthem« auf ihrem gleichnamigen Album vor. Wenn uns Cohen manchmal auf die Nerven geht, warum hören wir dann nicht Peyroux?

## Lana del Rey, »Chelsea Hotel #2« (2013)

Nach dem Tod Leonard Cohens 2016 postet Lana del Rey auf Instagram, dass dieser der einzige Mensch sei, der wirklich ihre Sprache gesprochen hätte. Dabei fügt sie ein Video mit einer Coverversion von »Chelsea Hotel #2« an, einen Song, den sie bereits 2013 auf der Streaming-Plattform Vevo veröffentlicht hatte und der die Quintessenz von Nostalgie zum Ausdruck zu bringen scheint: Wir erinnern uns und wünschen uns ein wenig der vergangenen Liebe zurück, aber wir sind auch ganz froh, dass wir im Jetzt leben und die Vergangenheit nicht wiederkehrt.

Die 1985 geborene Lana del Rey singt den Song immer wieder auf Konzerten sowie 2017 als Duett zusammen mit Adam Cohen, Leonard Cohens Sohn, bei der Cohen-Gedenkveranstaltung »Tower of Song: A Memorial Tribute to Leonard Cohen« in Montreal. Ihre international sehr erfolgreiche Musik wird als Alternative Pop, aber auch als Psychedelic Rock oder mehr ironisch als Sadcore oder Hollywood Sadcore bezeichnet. Lana del Reys Stimme kann entsprechend eher tief, rauchig-jazzig und knisternd klingen, aber auch warm und cremig oder

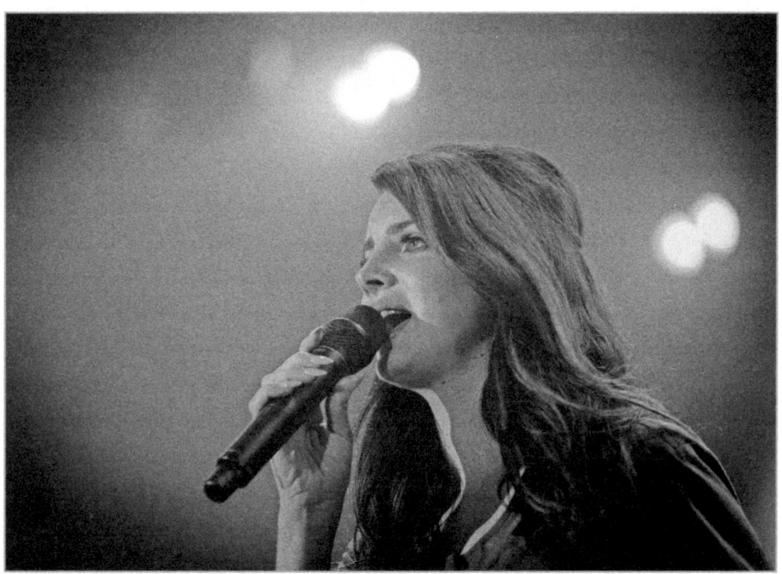

Lana Del Rey beim Musikfestival Northside 2014 in Dänemark

gehaucht. Die omnipräsente Melancholie und die lyrische Qualität ihrer Songs zeigen eine gewisse Verwandtschaft mit dem Werk Cohens.

Im Video von »Chelsea Hotel #2« sehen wir vor allem das stark geschminkte Gesicht der Sängerin mit ihren dunklen, sehr groß wirkenden Augen, umrahmt von schwarzem Haar und großen Federohrringen. Zudem schauen wir zu, wie sie sich mit langen Fingernägeln eine Marlboro aus der Schachtel nimmt und sie anzündet. Ihr Gesang ist wie in Cohens Original-Aufnahme von 1974 lediglich von der Gitarre begleitet, langsam und rezitativ, die Stimme ist mit Hall unterlegt, der Gesamteindruck des Songs ist schwebend und traurig, was die Stimmung von Cohens Originalaufnahme aufnimmt und noch verstärkt.

Es ist also weniger der musikalische Aspekt, der diese Coverversion bemerkenswert macht, als zwei andere Dimensionen des Songs: Erstens ist »Chelsea Hotel #2« vielleicht der am stärksten autobiografische Song Cohens, zumindest einer, dessen autobiografischer Inhalt immer wieder benannt wird und über den auch Cohen immer wieder breitwillig Auskunft gegeben und damit die Legendenbildung freudig angefeuert hatte. Der Song, der auf *New Skin for the Old Ceremony* (1974) als zweiter Track enthalten ist, handelt von Cohens kurzer Beziehung zu Janis Joplin, die 1970 an einer Überdosis Heroin starb: »Ah, but you got away, didn't you, baby? / You just turned your back on the crowd«. Die Episode spielt in einer speziellen historischen Ära der Popkultur. Das Chelsea Hotel in Manhattan steht für die künstlerische Avantgarde der 1950er und 60er-Jahre mit so unterschiedlichen Phänomenen wie der Beat-Literatur, der Pop Art oder Punk: »that was New York / We were running for the money and the flesh / And that was called love for the workers in song«. Im Song geht es also auch um das Showbusiness und die Bedingungen des Erfolgs, die Emotionen eines Lebens in der Öffentlichkeit. Während die Protagonisten des Songs im Hotelzimmer Sex haben – und zwar überraschend konkret beschrieben: sie gibt ihm einen Blowjob –, warten schon die Limousinen vor dem Hotel auf die beiden.

Die Intensität und der immense Erfolg von Lana del Reys Version verdeutlichen, dass dieser Song auch als allgemeine Geschichte über Nostalgie und Erinnerung in der Popkultur verstanden werden kann.

Die biografische Bedeutung tritt zugunsten einer allgemeinen Ambivalenz beim Zurückdenken an vergangene Affären und Liebesgeschichten zurück. Zweitens ist damit auch ein Gender-Aspekt verbunden: Cohens Text ist klar aus einer männlichen Perspektive verfasst. Die Zeile »Giving me head on the unmade bed« ist sexuell explizit, so wie die Zeilen »You told me again you preferred handsome men / But for me, you would make an exception« ein Beispiel für Cohens unnachahmliche, traurige Ironie darstellen: Als unansehnlich war Cohen nie bekannt. Lana del Rey, deren Stimme und Bild im Video klar als weiblich codiert ist, singt diese Zeilen, ohne sie hinsichtlich der Geschlechterposition umzuformulieren, was zum einen die direkte biografische Lesart aufhebt, zum anderen aber auch die Identität von Sänger/in und Ich auflöst. Das Faszinosum an Lana del Reys Coverversion liegt neben der Abgründigkeit ihrer Stimme darin, dass sie Cohens Song als ein universales Kunstwerk interpretiert, das nicht an zeitliche, geografische oder geschlechtliche Zuordnungen gebunden ist, sondern diese Grenzen transzendiert und erweitert. Diese Universalisierung präsentiert sie auf erschütternde Weise in den Schlusszeilen von »Chelsea Hotel #2«, in denen sie Cohens Ambivalenz fast atemlos und mit schmerzhafter Lakonie zu ihrer eigenen – und zu der ihres Publikums macht: »I remember you well in the Chelsea Hotel / That's all / I don't even think of you that often«.

## The Last Shadow Puppets, »Is This What You Wanted« (2016)

»You were the promise at dawn / I was the morning after / You were Jesus Christ, my Lord / I was the money lender«. Mit diesen religiösen Bildern und Figuren von Erlösung und Schuld beginnt der Song »Is This What You Wanted« auf dem Album *New Skin for the Old Ceremony* (1974). Cohen tritt uns darin wie in seinen früheren Jahren üblich als grüblerischer Poet entgegen. Vielleicht spricht er eine verflossene Liebe an. Vielleicht stellt dieser Sänger aber auch eine Inkarnation des Judentums dar, der sich in der Gestalt jüdischer Stereotype dem Christentum gegenübersieht. Wir hören ein Ich, das sich nicht nur als Geldverleiher gegenüber Christus bezeichnet, sondern später auch als »Reverend

Freud« gegenüber einer gefühlvollen Frau. Dabei klingen Themen wie Materialität und Metaphysik, Betrug und Treue, Verlangen und Einsamkeit an. Das Liebeslied ist gleichzeitig ein theologisches Maskenspiel. Das Christentum geht durch die Weltgeschichte und sammelt Anhänger, das Judentum aber bleibt allein bei seinem einen Gott: »You lusted after so many, baby / I lay here with one / You defied your solitude / I came through alone«.

2016 veröffentlicht die britische Band The Last Shadow Puppets – bestehend aus Alex Turner, Frontman der Arctic Monkeys, Miles Kane, James Ford und Zach Dawes – eine Version dieses ansonsten kaum gecoverten und eher weniger bekannten Songs für ihre EP *The Dream Synopsis* und produziert dazu sogar ein Musikvideo, wohl als eine Hommage an Cohen als Godfather des Indiepop. Cohen singt seinen Song jammernd, verzweifelt ernsthaft und in selbstquälerischem Lamento, als würde man einem Analysanden während der Therapiestunde zuhören. Turner aber scheint ganz aus Coolness zu bestehen. Er singt den Text zuerst mit einer sehr weichen, gedämpften Stimme, doch vor allem gegen Schluss des Songs dreht er auf und klingt melodramatisch, ähnlich wie sein Vorbild David Bowie. Die Performance im Video von »Is This What You Wanted« erinnert dagegen eher an Lou Reed, mit Sonnenbrille und nackten Oberarmen tritt Turner an ein Handmikro, eine Mischung aus Motorrad-Rocker und Avantgarde-Künstler.

Die von Cohen genannten Figuren der Popkultur der 1960er- und 70er-Jahre – Marlon Brando, Steve McQueen, Mister Clean und Rin Tin Tin –, aber auch ein mythologisch-religiöses Monster wie die Hure Babylon sind in der Version des 21. Jahrhunderts nicht mehr Ikonen einer schmerzenden Identitätssuche, sondern ironische Verweise, Zitate in einem psychedelischen Traum, die man vielleicht ohne Wikipedia gar nicht mehr kennt. Cohens Song handelt von gegensätzlichen Erinnerungen an eine konfliktreiche Beziehung, spricht aber auch über das Zurechtlegen von Identitäten: Wir machen uns ein Bild von uns, können aber nie sicher sein, ob es unser eigenes Bild ist oder durch den Blick von Anderen geprägt wurde.[106] Er bezeichnet diesen ambivalenten Vorgang als Geisterhaus: »a house that is haunted / By the ghost of you and me«. Die Last Shadow Puppets dagegen inszenieren diese kopflastige Gespenstergeschichte, dieses Kammerspiel aus den 1970er-Jahren als epischen Meta-Popsong. Die Musiker bewegen sich darin als Zitatkünstler wie inmitten eines postmodernen Theaterstücks. In diesem Stück spielen sie die Nerds vom Schulhof, die auf einmal cool geworden sind.

## Daniel Kahn, »Hallelujah« (2016)

Kurz nach Leonard Cohens Tod veröffentlicht der in Hamburg lebende amerikanische Songwriter und Musiker Daniel Kahn eine jiddische Version von »Hallelujah«. Sein »Haleluye« wird auf Youtube zu einem kleinen Hit und wurde bis heute mehr als zwei Millionen Mal aufgerufen. Auf Kahns fast durchgehend jiddischsprachigem Album *Word Beggar* (2021) ist es als letzter Track enthalten. Diese Coverversion fügt sich einerseits in die unzähligen Adaptionen und Übersetzungen von Cohens Jahrhundertsongs ein, andererseits eröffnet Kahn einen ganz anderen Kontext. In der Popkultur wird mit seiner Coveraufnahme eine verlorene Stimme vernehmbar, nämlich die Stimme einer fast toten Sprache, die hier lebendig und gegenwärtig wird.

Die ungeheure Popularität von »Hallelujah« zeigt sich beispielsweise darin, dass die Version von Rufus Wainwright sogar auf dem Soundtrack des Animationsfilms *Shrek* (2001) zu hören ist, nicht zuletzt aber auch in der Tatsache, dass Cohens Hit in unzähligen Talentshows rund um die Erde immer wieder neu gesungen wurde, wie der biografische Film *Hallelujah: Leonard Cohen, A Journey, A Song* (2022) von Daniel Geller und Dayna Goldfine dokumentiert. Dass Kahn diesen Song nun in der fast ausgelöschten Sprache der europäischen Jüdinnen und Juden singt, gibt ihm die jüdische Dimension zurück, die er bei seiner Reise durch die Popkultur eingebüßt hat. Die jiddische Sprache und jiddische Kultur sind Cohen wie allen nordamerikanischen Juden seiner Generation durch seine Eltern oder Großeltern, zumindest aber durch Verwandte und Bekannte vertraut. Auf Youtube kursieren Videos, die einen sehr vergnügten Cohen mit seiner Band bei Soundproben vor Konzerten zeigen, wie er den Klezmer-Standard »As der Rebbe tanzt« auf Jiddisch singt, zu anderen Gelegenheiten gab er weitere jiddische

Lieder zum Besten.[107] Zudem aber verweist das jiddische »Halleluja«-Cover auf die Untiefen des historischen Gedächtnisses, genauer noch auf verlorene Möglichkeiten der Geschichte. Es ist ein Lied, das so *hätte gesungen werden können* und paradoxerweise nur aufgrund dieser verunmöglichten Möglichkeit möglich wird. Vielleicht noch deutlicher wird das durch Kahns Coverversion und jiddischer Übersetzung von »Di Tsukunft« (»The Future«) auf seinem Album *The Building and Other Songs* (2023). Die Refrainzeile »Ikh hob gezen di tsukunft: s'iz retsikhe« (»I've seen the future, brother, it is murder«) ist im Kontext der osteuropäisch-jüdischen Geschichte keine Prophezeiung mehr, sondern eine historisch genaue Aussage über den Massenmord.

Ein anderer Song auf Kahns Album *Word Beggar*, das sozialistische Lied »Der General-Shtrayk« des 1942 von den Nazis ermordeten Dichters Mordechai Gebirtig, beginnt mit den Worten: »Epes dakht mir wie a kholem« – »Etwas kam mir vor wie ein Traum«. Bei Gebirtig ist mit dem »khulem«, also dem Traum, die humanistische Vision der jüdischen Sozialistinnen und Sozialisten des frühen 20. Jahrhunderts gemeint. Es ist die Idee einer Welt ohne Unterdrückung und ohne Zwang. Doch hundert Jahre später, nach der Zerstörung des jüdischen Universums in Europa, nach der Schreckensherrschaft des real existierenden Sozialismus und inmitten der Krisen und Kriege des 21. Jahrhunderts, ist dieser Traum viel umfassender. Nämlich ein Traum, in dem die verdrängte Möglichkeit einer anderen Welt eine Stimme bekommt.

Kahns Songs machen sinnlich erfahrbar, dass Jiddisch nicht nur das Idiom von Millionen ermordeter Individuen ist, das vielleicht noch in einigen super religiösen Communitys in Jerusalem und Brooklyn gesprochen wird, sondern auch die Alltagssprache einer säkularen Gesellschaft gebildet hat, in der Zeitungen, Theaterstücke, Werbeanzeigen oder Kochbücher geschrieben wurden, in der es Übersetzungen weltliterarischer Werke – und Coverversionen von Popsongs gibt. Kahn covert unter anderem auch Bob Dylans »I Shall Be Released« als »Ikh Vel Zayn Bafrayt«.

Kahns »Haleluye« ist intim, im Video intoniert er den Song nur begleitet von seiner Gitarre – auf der Albumversion vom Piano – mit der wohlklingenden, poetischen Stimme des klassischen Folksängers.

Bezeichnend ist seine Übersetzung, die auf religiöse oder traditionelle Konzepte des Judentums zurückgreift und Begriffe verwendet wie baal-tshuvah (Gerechter, zur Frömmigkeit Zurückgekehrter) oder ge'ulah (Erlösung, messianisches Zeitalter). Damit überführt Kahn Cohens mehrdeutigen, für alle möglichen mystischen Verständnisse offenen Text in einen traditionell jüdischen Kontext, so wie das auch durch aktuelle Lektüren immer wieder geschieht und seit Cohens Tod eine gewisse Konjunktur bekommen hat. Die Übersetzung der Zeile »It goes like this, the fourth, the fifth / The minor falls, the major lifts« lautet bei Kahn: »me zingt azoy: a fa, a sol / a misheberekh heybt a kol« (Man singt's so: Ein Fa, ein So / ein Mi Scheberach erhebt seine Stimme«.) Ein Mi Scheberach ist eine Moll-Tonleiter, die in der osteuropäischen und in der Klezmer-Musik üblich ist. Es ist aber auch ein Gebet um den Segen Gottes oder um Heilung von einer Krankheit zu erbitten. Cohens negativer Theologie des »broken Hallelujah« folgend kann es sich eigentlich nur um ein vergebliches Gebet handeln. Jedenfalls ist Kahns jiddische Coverversion nicht nur eine Übersetzung, sondern auch eine Aneignung jüdischer Traditionen im Medium des Jiddischen.

Kahns »Haleluye« ist ein zutiefst nostalgischer Song. Die Stimme, die wir mit dem Song hören, ist ebenso die Stimme einer verlorenen Vergangenheit wie auch die unerhörte Stimme einer alternativen Gegenwart. Kahns Stimme ist durchgehend wütend und traurig. Dennoch ist es eine Stimme, die vom Glück des Spiels und der Poesie singt und mit der wir uns ein Leben ohne alltägliche Demütigungen und politische Frustration zumindest erträumen können. In Kahns jiddischer Version kreist Cohens »Hallelujah« um die verlorene Heimat dieser Sprache und die Unmöglichkeit der Heimkehr. Für Leonard Cohens Stimme aber könnte es keine schönere Heimkehr geben.

# DIE NACHTIGALL VOM SINAI. EPILOG

Im Spielfilm *Golda* (2023) von Guy Nattiv und Nicholas Martin verfolgen wir die israelische Ministerpräsidentin Golda Meir, gespielt von Helen Mirren, bei ihren dramatischen Entscheidungen während des Jom-Kippur-Kriegs 1973. Kettenrauchend und von Schmerzen aufgrund ihrer Krebserkrankung geplagt, sehen wir sie bei Kabinettssitzungen, im War Room und bei Verhandlungen mit dem amerikanischen Außenminister Henry Kissinger. Am Morgen von Jom Kippur, noch bevor der ägyptische und syrische Angriff erfolgt, steht Golda Meir auf dem Dach eines Regierungsgebäudes und beobachtet einen rauschenden Vogelschwarm am Himmel. Die Vögel sind Vorboten der Militärflugzeuge, aber auch des Todes selbst. Im Krieg von 1973 sterben über 2600 israelische und 8500 arabische Soldaten. Am Ende des Films sehen wir die ehemalige Ministerpräsidentin im Krankenhausbett. Während sie stirbt, läuft im Fernsehen eine Rückschau auf die Reden nach dem Friedensvertrag zwischen Israel und Ägypten. Die letzten Bilder des Films zeigen den blauen Krankenhausboden, auf dem wie in einem Spiegel des Himmels über Tel Aviv tote Vögel liegen.

Unterlegt ist diese letzte, traumartige Szene mit dem Song »Who by Fire« – jedoch nicht in einer Aufnahme Cohens selbst, sondern in einer für den Film produzierten Coverversion der beiden jungen Musiker, Produzenten und Sänger Elias Abid und Ysa. Die Lyrics von »Who by Fire« basieren auf der aschkenasischen Jom-Kippur-Liturgie, auf dem sogenannten Unetaneh-Tokef-Gebet. Dieser auf das 10. Jahrhundert zurückgehende Text handelt davon, dass Gott an Rosch-ha-Schana (dem jüdischen Neujahrstag) die Namen derjenigen in sein Buch einschreibt, die im folgenden Jahr sterben werden, und diese Namen an Jom Kippur besiegelt. In einem weiteren Abschnitt zählt das Gebet verschiedene Todesarten auf, deren unterschiedliche Drastik als Urteil Gottes verstanden wird. Cohens Song besteht ausschließlich in der Nennung dieser Tode, während Gott abwesend bleibt: »And who shall I say is calling?« Matti Friedman hat in seinem bereits erwähnten Buch Cohens merkwürdige Reise von der griechischen Insel Hydra nach Tel Aviv und seine Konzerttour mit den israelischen Musikern Ilana Rovina und Matti Caspi im Sinai während des Kriegs im Herbst 1973 dokumentiert und zum ersten Mal Cohens poetisch-autobiografische Aufzeichnungen aus dieser Zeit eingesehen und kommentiert. Friedman zeigt, dass einige sehr erfolgreiche Songs, die kurz nach dem Krieg auf dem Album *New Skin for the Old Ceremony* erscheinen, wie etwa »Lover Lover Lover« und auch »Who by Fire«, direkt im Sinai oder kurz darauf entstehen. Von Israel aus fliegt Cohen nach Äthiopien, wo er sich in Asmara aufhält (heute in Eritrea) und neben »Who by Fire« zum Beispiel auch »Chelsea Hotel #2« fertigschreibt.[108]

Für Cohen ungewöhnlich, wird »Who by Fire« auf der Albumaufnahme im Duett von Cohen und der Sängerin Janis Ian gesungen. Auch bei Konzerten wird Cohen bei dem Song meistens von einer weiblichen Stimme begleitet. Diese dialogische Qualität prägt auch die faszinierende Aufnahme mit dem Saxophonisten Sonny Rollins von 1989. Ein ähnliches Duo bilden bei ihrer Version der irische Sänger Glen Hansard und der spanische Gitarrist Xavier Mas (der auch Cohen bei den Konzerttourneen begleitet hat). Coverversionen des Songs verzichten manchmal auf das Duett, so etwa Rufus Wainwright oder PJ Harvey bei ihrem Take für die Apple+-Serie *Bad Sisters* 2022. Die Version von Elias Abid und Ysa für den Soundtrack von *Golda* reproduziert hingegen den Dialog einer männlichen und einer weiblichen Stimme, sie beginnt mit einem leisen Grillenzirpen, über das sich verschiedene religiös anmutende Stimmen legen, ist ähnlich ruhig und versöhnlich wie Cohens Original. Es handelt sich um eine sanfte Aktualisierung eines Songs, in dem es um eine zeitlose, anhaltende Bedingung unseres Daseins geht: Wir werden sterben, aber wir wissen nicht wann und wie.

Im Krieg ist das Bewusstsein für diese Endlichkeit bedrängend und beängstigend intensiv. Cohens Song »Who by Fire« ruft die Gewaltgeschichte, die mehrfachen Traumata und die lange Reihe von miteinander verbundenen Kriegen auf, die die jüdische Geschichte prägen, auch die toten, blutigen Vögel am Schluss des Films wecken diese Assoziation.

Cohen verwendet in seinem Werk viele symbolische Vögel. Einige sind in diesem Buch bereits vorgekommen, die Vogelstimmen und die

Taube in »Anthem«, der »bird on the wire« sowie der Geier, der Adler und der Pfau in »Story of Isaac«. Dazu kommt die Grafik des Kolibris auf dem Albumcover von *The Future*, ein Kolibri, der bei Cohen später wiederkehrt, zuletzt im letzten Track von *Thanks for the Dance* (2019), den Cohen als Gedicht rezitiert: »Listen to the Hummingbird / Whose wings you cannot see / Listen to the Hummingbird / Don't listen to me«. Doch neben dem Kolibri, hier vielleicht ein Bild für die Schönheit und Rätselhaftigkeit der Welt, identifiziert sich Cohen auch immer wieder mit der Nachtigall. Die Nachtigall ist der Singvogel par excellence, den eine sehr vielschichtige Symbolik umgibt. Sie steht für Liebe und Schönheit, aber auch für Todesahnungen und Gewalterfahrungen sowie natürlich für die Stimme des Sängers. Cohens kurzes Gedicht »Not a Jew«,[109] später in *Book of Longing* veröffentlicht, versammelt in einer zuvor online publizierten Version als Unterschriften verschiedene ironische Autorbezeichnungen, unter anderem seinen hebräischen Namen Eliezar, aber auch »Nightingale of the Sinai«, ergänzt mit der Zeitangabe »Yom Kippur 1974«.[110] Damit spielt der Autor auf seine Auftritte für die israelische Armee während des Kriegs an, meint aber ebenso selbstironisch seine prophetischen Inszenierungen und sein Selbstverständnis als jüdischer Künstler. Er bezeichnet sich zudem als »Prince of Israel«. Die ›Nachtigall vom Sinai‹ hat nicht bloß eine charakteristische Stimme, sondern auch eine, die Weisheit vermittelt und die sich selbst in die jüdische Tradition einsingt.

Die antike Mythologie überliefert eine drastische Erzählung über die Geburt der Nachtigall – eine Urgeschichte der Verbindung von Kunst und Trauma. Bekannt ist die Geschichte vor allem in der Version des römischen Dichters Ovid aus dem sechsten Buch seiner *Metamorphosen*. Der Thrakerkönig Thereus heiratet Prokne, die Tochter des athenischen Herrschers, wobei er wenig später Proknes Schwester Philomele entführt und mehrfach vergewaltigt. Damit sie nicht gegen ihn aussagen kann, schneidet er ihr die Zunge aus dem Mund. Doch Philomele hat eine Idee, die das Verständnis des Wortes Text – vom Lateinischen *textus*, das Gewobene – bis heute mitbestimmt. Sie webt ihre Leidensgeschichte als Text in einen Stoff und schickt diesen ihrer Schwester zur Lektüre. Die Rache der Frauen ist furchtbar und umfasst unter anderem den Mord am Sohn von Theseus und Prokne. Schließlich verwandelt Zeus die drei in Vögel. Die Vergewaltigung und die Verwandlung der Philomele in eine Nachtigall tauchen in der Weltliteratur immer wieder auf. Allerdings gilt das Interesse oft weniger der sexuellen Gewalt und den Geschlechterverhältnissen als der allegorischen Bedeutung für die Literatur und die Kultur selbst. Ovids Geschichte schildert die Verwandlung des unsagbaren Traumas in Text und mit der Metamorphose auch eine Art Rettung der Stimme. Cohens Gedichtzeile »You gave the injury a tongue to heal itself«, mit der er in *Book of Mercy* die Selbstheilung durch Dichtung umschreibt, ist ein gutes Beispiel dafür.

»Thou wast not born for death, immortal Bird!« Spätestens seit John Keats' Gedicht »Ode to a Nightingale« dient die Geschichte von Thereus und Prokne als Allegorie der Poesie und als Reflexion des eigenen Schreibens. Ein neueres Beispiel dafür wäre T. S. Eliots Langgedicht *The Waste Land* aus dem Jahr 1922. Eliots Gedicht sprengt alle klassischen Gattungszuordnungen und ästhetischen Konventionen, es bildet somit das Paradigma eines modernen Gedichts und dreht sich als solches immer auch um die Möglichkeiten der Literatur und deren kulturelle und historische Bedingungen. Die Stimme der Nachtigall, zu der Philomele verwandelt wird, ist auch nach Eliot unverletzbar (»inviolable«), was eine Art Selbstimmunisierung oder Verewigung der Dichtung darstellt, die Eliot wiederum mit *seinem* Text bezeugen will.

In der Kulturgeschichte wird der Mythos der Nachtigall außerdem mit der Kreuzigung Jesu in Verbindung gesetzt.[111] Beide Geschichten schildern brutale Gewalt. Doch während die Opferungsszene Jesu eine sakrale Bedeutung hat und für die potenzielle Erlösung im Glauben steht, hat die Stimme der Nachtigall eine ästhetische Dimension als Ausdruck der Poesie. Für einen Künstler wie Cohen jedoch ist die Poesie die eigentliche Religion und eine Art Glaube. Für diesen absoluten Glauben an die Poesie steht er mit seiner Stimme. Der Sänger gibt in einem Interview aus den 1980er-Jahren launig zu Protokoll, dass die Kreuzigung und die Auferstehung Christi *die* zentrale Erzählung unserer Kultur bildeten und als Darstellung jeder individuellen Krise gelten könnten, so auch für die kreativen Krisen des Künstlers.[112] Eine Krise des Abschieds, die als Wiedergeburt nur den Song selbst anbietet, findet sich im Song »Nightingale«, den Anjani Thomas zu einem Text Cohens schreibt. Auf Cohens elftem Studioalbum *Dear Heather* (2004) wird der Song von Cohen, Thomas und Sharon Robinson gesungen. Später covert Anjani den Song auf ihrem Soloalbum *Blue Alert* (2006).

Der Song »Nightingale« auf *Dear Heather* ist explizit dem 2004 jung verstorbenen Sänger Carl Anderson gewidmet, stellt also eine Art Grabmal dar, eine Erinnerung, die anstelle der und für die verstummte Stimme des toten Sängers laut wird. Wie so oft in Cohens Werk will die Stimme, die wir hören, auch die Stimme von etwas sein, das wir nicht hören. »Don't listen to me«, flüstert Cohen im letzten Track des posthumen Albums *Thanks for the Dance* ins Mikrofon. Es ist nicht der Mystiker, auf den wir eigentlich hören sollen, denn seine Stimme macht uns nur aufmerksam auf das Geheimnis, die Welt, die Schönheit, die hinter der Stimme liegt.

In der Version von *Dear Heather* kommt das zweistrophige »Nightingale« recht harmlos als fröhliches Liedchen daher. Die erste Strophe wird von Thomas, Robinson und Cohen a cappella vorgetragen. Tatsächlich ist es das interessanteste Element dieses ansonsten eher konventionellen Songs, dass die erste Strophe formal ausschließlich auf Stimmen beruht. Inhaltlich dreht sich die erste Strophe um ein vollkommenes vergangenes Glück. Die Instrumentalbegleitung, die zum Beginn der zweiten Strophe einsetzt, läutet dieses Glück aus und verabschiedet es. »Nightingale« ist ein Abschiedslied, das eine heile Vergangenheit beschwört: »I built my house beside the wood / So I could hear you singing / And it was sweet and it was good / And love was all beginning«. Natur, Wald, Gesang und die Liebe bilden eine Ganzheit. Doch es ist der Lauf der Dinge, dass die Zeit vergeht und nichts für immer besteht. Irgendwann ist es vorbei.

*Fare thee well my nightingale*
*It was long ago I found you*
*Now all your songs of beauty fail*
*The forest closes 'round you*

*Fare thee well my nightingale*
*I lived but to be near you*
*Tho' you are singing somewhere still*
*I can no longer hear you*

Noch einmal begegnen wir der Legende von Orpheus auf der Waldlichtung. Zum einen können wir die Nachtigall als eine orphische Figur auffassen, deren der Schönheit gewidmete Lieder vor der Gewalt des Hades kapitulieren müssen. Zum anderen aber trotzt der Sänger für den Zeitraum des Songs dieser Gewalt. Als Inspiration für diesen Widerstand dient die Stimme des verstorbenen Anderson. Cohens Stimme dagegen fungiert hier noch einmal als Medium der Erinnerung an das Aufbegehren. Die Bedeutung Cohens liegt darin, dass er nie aufgehört hat, sich dieser unmöglichen Aufgabe zu stellen. Man könnte sagen, dass der Sänger immer wieder in die Unterwelt hinabsteigt und Songs mitbringt, die tatsächlich zeitlos sind. Diese Zeitlosigkeit ist für Cohen die Poesie.

Als Autor, Songwriter und Bühnenperformer vertritt Cohen die Poesie in einer prosaischen Welt. Auch wenn er nicht gerade eine Nachtigallenstimme hat, kommt dem Sänger in dieser Welt die Aufgabe zu, das Lied der Nachtigall weiterzugeben. Sie verlangt absolute Hingabe, das Werk hat den Anspruch auf Perfektion. Diese Aufgabe benötigt aber auch Gelassenheit, denn das perfekte Werk ist nicht erreichbar. Das Werk Cohens erinnert an diesen Widerspruch. Es begeistert und berührt damit noch Jahre nach dem Tod des Sängers.

Wie wir gesehen haben, liegt einer der wichtigsten Gründe für Cohens Popularität in seiner Inszenierung der eigenen Widersprüchlichkeit, hin- und hergerissen zwischen Ironie und spirituellen Ambitionen, Hedonismus und Heiligkeit. Leonard Cohens Stimme bringt diese Ambivalenz zum Knistern, macht sie hörbar und erlaubt es uns, unsere eigenen Ambivalenzen wiederzufinden, sich mit ihnen und unseren Unzulänglichkeiten und Frustrationen, unserer Trauer und unserer Wut zu versöhnen. Sie ermöglicht es, die Schönheit in allem zu sehen, und sei es auch nur für den Augenblick eines Songs wie zum Beispiel »Light as the Breeze«. Darin heißt es:

*For something like a second*
*I was healed and my heart*
*Was at ease*

## Danksagung: Thanks for the Dance!

Wenn man die Idee zu einem Buch hat, benötigt es Menschen, die einem sagen, dass diese Idee gut sei. Beim vorliegenden Buch war so ein Mensch Yves Kugelmann, dem ich für seinen Zuspruch danken möchte. Ein anderer ist Tilman Vogt, der mich im Team des Verlags Klaus Wagenbach als Lektor begleitet hat und ohne den *Leonard Cohens Stimme* nicht existieren würde.

Vorversionen einiger Teile dieses Buches erschienen in akademischen Publikationen; diese ermöglicht und dabei auch mein Nachdenken über Leonard Cohen mit Feedback gefördert haben dankenswerterweise Daniel Weidner, Andreas Mauz und Hans-Joachim Hahn.

Meine Tochter Salomé Battegay erklärt mir fast täglich die Popkultur aus der Sicht eines Teenagers, vielen Dank.

Sylvia Battegay danke ich dafür, dass sie Leonard Cohen nicht mag und es dennoch seit mehr als siebzehn Jahren mit mir aushält: »I used to think I was some kind of Gypsy boy before I let you take me home«.

# Anmerkungen

1 Jeff Burger (Hg.): *Leonard Cohen on Leonard Cohen. Interviews and Encounters*, London 2014, S. 211–212; alle Zitate aus englischsprachigen Büchern sind, wo sich keine deutsche Ausgabe findet, vom Autor übersetzt.

2 Biografische Informationen nach Sylvie Simmons: *I'm Your Man. Das Leben des Leonard Cohen*, aus dem Amerikanischen von Kirsten Borchardt, München $^{3}$2014 sowie den drei Bänden mit gesammelten Aussagen von Zeitzeugen durch Michael Posner: *Leonard Cohen. Untold Stories. The Early Years*, Bd. 1, New York u. a. 2020; *Leonard Cohen. Untold Stories. From this Broken Hill*, Bd. 2, New York u. a. 2021; *Leonard Cohen. Untold Stories. That's How the Light Gets In*, Bd. 3, New York u. a. 2022.

3 Babette Babich: *The Hallelujah Effect. Philosophical Reflections on Music, Performance Practice, and Technology*, London/New York 2016, S. 13.

4 Posner: *Leonard Cohen*, Bd. 1, S. 273.

5 Vgl. Alan Light: *The Holy and the Broken. Leonard Cohen, Jeff Buckley and the unlikely Ascent of Hallelujah*, New York u. a. 2013.

6 Posner: *Leonard Cohen*, Bd. 3, S. 422.

7 Matti Friedman: *Wer durch Feuer. Krieg am Jom Kippur und die Wiedergeburt Leonard Cohens*, aus dem Englischen von Malte Gerken, Leipzig 2023.

8 Tom Waits: »›It's perfect madness‹«, in: *The Guardian* vom 20. März 2005 {https://www.theguardian.com/music/2005/mar/20/popandrock1}, diese und alle in der Folge angeführten Internetseiten wurden zuletzt am 3. Juni 2024 aufgerufen.

9 Roland Barthes: »Die Rauheit der Stimme«, in: ders.: *Der entgegenkommende und der stumpfe Sinn. Kritische Essays III*, aus dem Französischen von Dieter Hornig, Frankfurt am Main 1990, S. 269–278, hier S. 271.

10 Burger: *Cohen on Cohen*, S. 217.

11 Sigrid Weigel: »Die Stimme der Toten. Schnittpunkte zwischen Mythos, Literatur und Kulturwissenschaft«, in: Thomas Macho, Friedrich Kittler und Sigrid Weigel (Hg.): *Zwischen Rauschen und Offenbarung. Zur Kultur- und Mediengeschichte der Stimme*, Berlin 2002, S. 73–92, S. 83.

12 Mladen Dolar: *His Master's Voice. Eine Theorie der Stimme*, aus dem Englischen von Michael Adrian und Bettina Engels, Frankfurt am Main 2007, S. 47.

13 Ebd., S. 46.

14 Ebd., S. 47.

15 Burger: *Cohen on Cohen*, S. 253.

16 Ernst Bloch: *Das Prinzip Hoffnung*, Frankfurt am Main 1985, S. 1296.

17 Ebd.

18 Thomas Macho, Friedrich Kittler und Sigrid Weigel: »Vorbemerkung«, in: dies. (Hg.): *Zwischen Rauschen und Offenbarung. Zur Kultur- und Mediengeschichte der Stimme*, Berlin 2002, S. IX–XII, hier S. IX.

19 Richard Klein: »Stimme verstehen mit und gegen Roland Barthes«, in: *Musik & Ästhetik* 13/51 (2009) S. 5–16, hier S. 7.

20 Ebd., S. 7f.

21 Vgl. Helmut Hoping, Julia Knop und Thomas Böhm (Hg.): *Die Bindung Isaaks. Stimme, Schrift, Bild*, Paderborn 2009.

22 Vgl. Alfred Bodenheimer: »Abraham opfert Isaak. Zu einer literarischen Konstellation bei Jehuda Amichai und Daniel Katz«, in: Helmut Hoping, Julia Knop und Thomas Böhm (Hg.): *Die Bindung Isaaks. Stimme, Schrift, Bild*, Paderborn 2009, S. 116–124, hier S. 124; Aaron Koller: *Unbinding Isaac. The Significance of the Akedah for Modern Jewish Thought*, Philadelphia 2020.

23 Avi Sagi: »The Meaning of ›Akedah‹ in Israeli Culture and Jewish Tradition«, in: *Israel Studies* 3,1 (1998), S. 45–60; Yael S. Feldman: *Glory and Agony. Isaac's Sacrifice and National Narrative*. Stanford 2010.

24 Peter Greenaway, Margret Kampmeyer und Cilly Kugelmann (Hg.): *Gehorsam*, Bielefeld/Berlin 2015.

25 Søren Kierkegaard: *Furcht und Zittern*, aus dem Dänischen von Emanuel Hirsch, Düsseldorf/Köln [2]1950, S. 60.

26 Burger: *Cohen on Cohen*, S. 365.

27 Walter Erhart: »Krieg, Lyrics, Living With War. Über die Bedeutung rockmusikalischer Texte«, in: Frieder von Ammon und Dirk Petersdorff (Hg.): *Lyrik/Lyrics. Songtexte als Gegenstand der Literaturwissenschaft*, Göttingen 2019, S. 57–78, hier S. 76.

28 Vgl. Rachel S. Vandagriff: »Talking about a Revolution. Protest Music and Popular Culture, from Selma, Alabama, to Ferguson, Missouri«, in: *Lied und populäre Kultur/Song and popular Culture. Jahrbuch des Zentrums für populäre Kultur und Musik*, 60/61 (2015/2016), S. 333–350.

29 Diedrich Diederichsen: *Über Pop-Musik*, Köln 2014, S. 60.

30 Posner: *Leonard Cohen*, Bd. 3, S. 46.

31 Vgl. Simon Frith: »Why Do Songs Have Words?«, in ders.: *Music for Pleasure. Essays in the Sociology of Pop*, Cambridge/Oxford 1988, S. 105–128, hier S. 120.

32 Roland Barthes: »Der romantische Gesang«, in: ders.: *Der entgegenkommende und der stumpfe Sinn. Kritische Essays III*, aus dem Französischen von Dieter Hornig, Frankfurt am Main 1990, S. 286–292, hier S. 288.

33 Ebd., S. 289.

34 Vgl. Simmons: *I'm Your Man*, S. 25–29.

35 Vgl. zum Beispiel Brian Longhurst: *Popular Music and Society*, Cambridge/Oxford 1995, S. 172.

36 Markus Heidingsfelder: *System Pop*. Berlin 2012, S. 504.

37 Vgl. Roy Shuker: *Understanding Popular Music*, London/New York 22001, S. 154. Zu diesem Einfluss der Texte auf die Rezeption trägt auch die appellative Struktur vieler Lyrics bei. Personalpronomen, die nicht auf konkrete Personen verweisen, wie »I« und »You« schaffen ein identifikatorisches Potenzial, was ebenso für Raum- oder Zeitangaben wie »here«, »there«, »then« oder »when« gilt. Vgl. Allan F. Moore: *Song Means: Analysing and Interpreting Recorded Popular Songs*, Farnham 2012, S. 117f.

38 Stéphane Mosès: »Die Opferung Isaaks in der jüdischen Tradition«, in: Bernhard Greiner (Hg.): *Opfere deinen Sohn! Das »Isaak-Opfer« in Judentum, Christentum und Islam*, Tübingen 2007, S. 51–72, hier S. 61.

39 Vgl. Isaac Kalimi: »Perspektiven zur Bindung Isaaks in rabbinischer Literatur und rabbinischem Denken«, in: Helmut Hoping, Julia Knop und Thomas Böhm (Hg.): *Die Bindung Isaaks. Stimme, Schrift, Bild*, Paderborn 2009, S. 63–87.

40 Vgl. Shalom Spiegel: *The Last Trial. On the Legends and Lore of the Command to Abraham to offer Isaac as Sacrifice*, New York 1964, S. 64.

41 Omri Boehm: *The Binding of Isaac. A Religious Model of Disobedience*, London/New York 2007.

42 Vgl. Kalimi: »Perspektiven zur Bindung Isaaks«, S. 78f.

43 So bei Stefano Perfetti: »The Sacrifice of Meaning. Leonard Cohen's Retelling of Abraham's Trial«, in: *Materia giudaica. Rivista dell'associazione italiana per lo studio del giudaismo* XXIV (2019), S. 525–534, hier S. 528.

44 Vgl. Erhart: »Krieg, Lyrics, Living With War«, S. 74.

45 Perfetti: »The Sacrifice of Meaning«, S. 530.

46 Marcus Greil: »Der Mythos von der offenen Straße«, in: ders.: *Über Bob Dylan. Schriften 1968–2010*, aus dem Amerikanischen von Fritz Schneider, Hamburg 2013, S. 205–226.

47 Vgl. Perfetti: »The Sacrifice of Meaning«, S. 529.
48 Burger: *Cohen on Cohen*, S. 68f.
49 Ebd.: S. 251.
50 Vgl. Gottfried Hornig und Helmut Rath: »Inspiration«, in: Joachim Ritter und Karlfried Gründer (Hg.): *Historisches Wörterbuch der Philosophie*, Bd. 4, Basel 1976, S. 401–407.
51 Der Titel »Tower of Song« spielt gemäß Harry Freedman auf eine kabbalistische Legende über sieben Türme im Himmel an, wie sie in einer Kommentierung des *Zohar*, also der Hauptschrift der mittelalterlich-jüdischen Mystik, erwähnt wird. Einer dieser Türme ist der Turm des Gesangs, zu dem König David Einlass hat, solange er singt. Vgl. Harry Freedman: *Leonard Cohen. The Mystical Roots of Genius*, London u. a. 2021, S. XIII.
52 Rainer Maria Rilke: *Briefe. 1897–1926*, Wiesbaden 1950, S. 749 sowie 833.
53 Vgl. Francis Mus: *The Demons of Leonard Cohen*, Ottawa 2020, S. 57–84.
54 Burger: *Cohen on Cohen*, S. 82.
55 Vgl. Silvia Bovenschen: *Die imaginierte Weiblichkeit. Exemplarische Untersuchungen zu kulturgeschichtlichen und literarischen Präsentationsformen des Weiblichen*, Frankfurt am Main 1979.
56 Vgl. Simon Lewsen: »Leonard Cohen: Hippie Troubadour and Forgotten Reactionary«, in: *The Walrus* vom 17. April 2024 {https://thewalrus.ca/leonard-cohen-hippie-troubadour-and-forgotten-reactionary}.
57 Vgl. Myra Bloom: »The Darker Side of Leonard Cohen«, in: *The Walrus* vom 2. November 2023 {https://thewalrus.ca/the-darker-side-of-leonard-cohen}.
58 »Sisters of mercy – Leonard Cohen Live Austin Texas July 1993«, {www.youtube.com/watch?v=LlcTVjoV7VA}.
59 Burger: *Cohen on Cohen*, S. 297.
60 Ebd.
61 Ebd., S. 296.
62 Ebd., S. 395.
63 Leonard Cohen: *Book of Mercy*, Toronto 2010, S. 19.
64 John Keats: »La Belle Dame sans Merci«, in: ders., *Complete Poems*, hg. von Jack Stillinger, Cambridge/London [9]2002, S. 271.
65 Bovenschen: *Die imaginierte Weiblichkeit*, S. 41.
66 »Interview: Perla Batalla about Leonard Cohen«, {www.youtube.com/watch?v=UymH1PEHqlk}.
67 Cohen: *Book of Mercy*, S. 19.

68 Leonard Cohen: *Book of Longing*, New York 2006, S.147.

69 Zu finden auf: {www.leonardcohenfiles.com/zenord.html}.

70 Vgl. Ira Nadel: »At the End: Bowie, Reed, and Cohen«, in: *The Journal of Popular Culture* 54 (2) (2021), S.388–406.

71 Angaben von Apple Music.

72 Federico García Lorca: »La Casada infiel«, in: ders.: *Romancero gitano*, Barcelona u. a. $^{3}$1996, S. 21. Alle weiteren Zitate dieses Gedichts nach dieser Angabe.

73 Cohen: *Book of Longing*, S.147.

74 Leonard Cohen: »Rede zur Verleihung des Prinz-von-Asturien-Preises«, in: ders.: *Die Flamme / The Flame*, aus dem amerikanischen Englisch von Nora Bossong u. a., Köln 2018, S.349–351, hier S.349.

75 »Leonard Cohen's Prince of Asturias Speech«, {www.youtube.com/watch?v=VIR5ps8usuo}.

76 Cohen: »Rede zur Verleihung des Prinz-von-Asturien-Preises«, S.350.

77 Ebd.

78 Weigel: »Die Stimme der Toten«, S.75.

79 Vgl. Gerhard Neumann: »Die ›absolute‹ Metapher: Ein Abgrenzungsversuch am Beispiel Stéphane Mallarmés und Paul Celans«, in: *Poetica* 3 (1970), S.188–225.

80 Burger: *Cohen on Cohen*, S.359–393.

81 »Leonard Cohen Interview, December 1992«, {www.youtube.com/watch?v=2_o-iOubel4}.

82 Vgl. André Neher: *Prophètes et prophéties. L'essence du prophétisme*, Paris $^{2}$1983.

83 Vgl. Ian Balfour: *The Rhetoric of Romantic Prophecy*, Stanford 2002.

84 Vgl. Eva Horn: *Zukunft als Katastrophe*, Frankfurt am Main 2014.

85 Burger: *Cohen on Cohen*, S.365.

86 Walter Benjamin: »Über den Begriff der Geschichte«, in: ders., *Gesammelte Schriften*, hg. von Rolf Tiedemann und Hermann Schweppenhäuser, Frankfurt am Main 1991, Bd. I/2, S.691–704.

87 Ebd.

88 Ebd., S.697f.

89 Friedman: *Wer durch Feuer*, S.46.

90 Cohen: *Book of Longing*, S.167.

91 Elliot R. Wolfson: »New Jerusalem Glowing. Songs and Poems of Leonard Cohen in a Kabbalistic Key«, in: *Kabbalah. Journal for the Study of Jewish Mystical Texts* 15 (2006), S.103–153, hier S.153.

92 Gershom Scholem: *Zur Kabbala und ihrer Symbolik*, Frankfurt am Main 1973, S. 165.

93 Christoph Schulte: *Zimzum. Gott und Weltursprung*, Berlin 2014, S. 9.

94 Ebd. S. 27.

95 Burger: *Cohen on Cohen*, S. 366.

96 Freedman: *Leonard Cohen. The Mystical Roots*, S. 157–173.

97 Ebd., S. 159.

98 Ebd., S. 157–173.

99 Ebd., S. 164.

100 Else Lasker-Schüler: »Mein Herz ruht müde«, in: dies.: *Die Gedichte 1902–1943*, hg. von Friedhelm Kemp, Frankfurt am Main 1997, S. 353.

101 Nadel: »At the End«.

102 Roland Barthes: *Mythen des Alltags. Vollständige Ausgabe*, aus dem Französischen von Horst Brühmann, Berlin 2010, S. 306.

103 Mus: *The Demons of Leonard Cohen*, S. 67.

104 Burger: *Cohen on Cohen*, S. 61.

105 »Interview with Leonard Cohen, *KCRW FM*, Los Angeles, February 18, 1997«, {www.leonardcohenfiles.com/kcwr.html}.

106 Vgl. Caspar Battegay: *Judentum und Popkultur. Ein Essay*, Bielefeld 2012, S. 23–40.

107 Etwa bei einer Shiva, dem Trauerritual, eine jiddische Version von »The Partisan«, vgl. Posner: *Leonard Cohen*, Bd. 3, S. 35.

108 Simmons: *I'm Your Man*, S. 377.

109 Das Gedicht lautet: »Anyone who says / I'm not a Jew / is not a Jew / I'm very sorry / but this is final«.

110 Siehe {www.leonardcohenfiles.com/jew.html}.

111 So etwa in Heinrich Heines erstem Zyklus seiner *Neuen Gedichte* (1844), in: ders.: *Sämtliche Werke. Historisch-Kritische Gesamtausgabe der Werke*, Bd. 2: *Neue Gedichte*, hg. von Manfred Windfuhr (= Düsseldorfer Heine-Ausgabe DHA), Hamburg 1983, S. 13.

112 Burger: *Cohen on Cohen*, S. 242.

## Abbildungsnachweis

S. 6, 10 oben, 10 unten, 11, 13, 29, 52, 61, 72, 101, 131: mauritius images/Alamy; S. 8: www.findagrave.com; S. 15, 17, 26, 86, 120, 123, 125: www.wikipedia.de; S. 16: www.flickr.com/Rene Passet; S. 23: jpc.de; S. 25: Isaak Shokal; S. 47: www.billboard.com/Dimitrios Kambouris/WireImage; S. 53: www.last.fm; S. 69: www.tarahugo.com; S. 93: www.pinterest.com; S. 95: www.middlefeast.substack.com; S. 99: www.youtube.com

# STARKE STIMMEN

## Younger Than Yesterday    1967 als Schaltjahr des Pop

1967 wird Popmusik erwachsen, seit 1967 will Pop Kunst sein – nicht nur dank der Beatles und »Sgt. Pepper's Lonely Hearts Club Band«. Dieses Buch erzählt von »Sgt. Pepper«, dem Scheitern der Beach Boys, Jimi Hendrix' Debüt, Bob Dylans Comeback und von all den anderen bedeutenden Alben aus diesem Schlüsseljahr des Pop.

Herausgegeben von Antonius Weixler, Gerhard Kaiser, Christoph Jürgensen
Klappenbroschur. 256 Seiten

## Pier Paolo Pasolini in persona    Gespräche und Selbstzeugnisse

Nur Heilige verweigern Interviews: Pier Paolo Pasolini hat unzählige gegeben. Die zum Großteil erstmals übersetzten Texte zeigen ihn als streitlustigen Medienintellektuellen, als leidenschaftlichen Verteidiger seiner Werke und seiner selbst – widersprüchlich und unversöhnlich, aber immer gesprächsbereit.

Herausgegeben von Gaetano Biccari. Aus dem Italienischen von Martin Hallmannsecker u.a.
Klappenbroschur. 208 Seiten mit vielen Fotos

## Pier Paolo Pasolini    Freibeuterschriften

Die Zerstörung der Kultur des Einzelnen durch die Konsumgesellschaft

Pasolinis berühmte Polemiken gegen die Konsumgesellschaft – radikal und inkonsequent, rhetorisch brillant und bedrückend aktuell.

Herausgegeben von Peter Kammerer. Aus dem Italienischen von Thomas Eisenhardt
WAT 317. Broschiert. 176 Seiten

## Erich Fried    Freiheit herrscht nicht    Gespräche und Interviews

Widerspenstig, aufrecht und zugleich unermüdlich im Dialog – Erich Fried war als ›moralische Instanz‹ stets bereit zu politischer Parteinahme, aber auch zum Gespräch.

Herausgegeben von Volker Kaukoreit und Tanja Gausterer
WAT 839. Broschiert. 160 Seiten

## BEI WAGENBACH

**Lothar Müller** **Die zweite Stimme** Vortragskunst von Goethe bis Kafka

Dem Stimmengewirr, dem wir im modernen Medienzeitalter ausgesetzt sind, steht ein anderes gegenüber, das uns aus schriftlichen Aufzeichnungen entgegenhallt. Diesem Duett hört Lothar Müller nach.

KKB. Gebunden. 160 Seiten mit vielen Abbildungen und CD

**Alaa Abd el-Fattah** **Ihr seid noch nicht besiegt**

Ausgewählte Texte 2011-2021

»Sein Verbrechen ist es, dass er eine andere Welt für möglich hielt und sich traute, am Versuch ihrer Verwirklichung mitzuwirken.« New York Times

Mit einem Vorwort von Naomi Klein. Aus dem Englischen von Utku Mogultay

Klappenbroschur. 240 Seiten

**Ulrike Marie Meinhof** **Die Würde des Menschen ist antastbar**

Aufsätze und Polemiken

Die wichtigsten Texte Ulrike Meinhofs aus den Jahren 1959 bis 1969 zu Geschichte, Vietnamkrieg, Notstandsgesetzen, den deutschen Verhältnissen und der Hoffnung auf einen demokratischen Aufbruch

Mit einem Nachwort von Klaus Wagenbach

WAT 491. Broschiert. 192 Seiten

**Anja Zimmermann** **Brust** Geschichte eines politischen Körperteils

Eine ebenso bildstarke wie politische, sinnlich erzählte Geschichte von Verhüllung und Enthüllung: Diese einzigartige Kulturgeschichte der weiblichen Brust bringt Tiefenschärfe in die aktuellen Debatten.

Gebunden mit Schutzumschlag. 272 Seiten mit vielen Abbildungen

# STARKE STIMMEN

**Mithu M. Sanyal Vulva** Die Enthüllung des unsichtbaren Geschlechts

Diese freche, facettenreiche, lustvoll erzählte Kulturgeschichte des weiblichen Geschlechts, eine Geschichte von Aberkennung und Aneignung, ist längst zum Standardwerk geworden.

Aktualisiert und mit einem neuen Vorwort
WAT 769. 256 Seiten mit vielen Abbildungen

**Victoria de Grazia Der perfekte Faschist**

Eine Geschichte von Liebe, Macht und Gewalt

Das Private ist politisch, erst recht in der Diktatur. Der italienische Faschismus, auf vollkommen neue Weise erzählt als umfassende Kulturrevolution – abenteuerlich, verblüffend grotesk und erschreckend gegenwartsnah.

Aus dem Englischen von Michael Bischoff
Gebunden mit Schutzumschlag. 512 Seiten mit vielen Fotografien

**Anne Wiazemsky Paris, Mai '68** Ein Erinnerungsroman

Für die junge Schauspielerin ist alles neu: ihre plötzliche Berühmtheit und die Ehe mit Jean-Luc Godard, die Welt ihres Mannes und die Themen, die Studenten, Arbeiter und Intellektuelle auf die Barrikaden treiben.

Aus dem Französischen von Jan Rhein
*SVLTO*. Fadengeheftet. Rotes Leinen. 168 Seiten

**Katharina Mevissen Mutters Stimmbruch** Roman

Mutter ist schon lange kinderlos und hat nun auch noch ihre Stimme verloren. Sie muss sich gänzlich neu erfinden, um wieder stark und laut zu werden. Ein poetischer, kompromissloser Roman über das Älterwerden, einen späten Aufbruch und eine bleibende Sehnsucht.

Quart*buch*. Klappenbroschur. 112 Seiten mit 7 Monotypien von Katharina Greeven

## BEI WAGENBACH

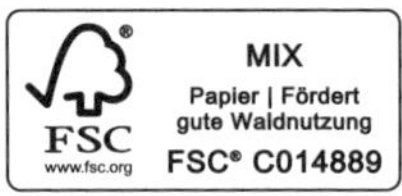



Emser Straße 40/41, 10719 Berlin www.wagenbach.de

Covergestaltung Julie August unter Verwendung einer Fotografie (Montreux Jazz Festival, Juni 1976) © picture alliance/KEYSTONE
Gesetzt aus der ScalaPro und der Alternate Gothic Condensed
Einbandmaterial von Fedrigoni, Mailand sowie peyer graphic, Leonberg
Vorsatzmaterial von Winter & Company, Eimeldingen. Gedruckt und gebunden bei Pustet, Regensburg. Printed in Germany. 

ISBN 978 3 8031 3744 9